Ab 8 Jahren

Pia Schülin

Literaturseiten

Hinter verzauberten Fenstern

- Textverständnis und Lesekompetenz
- Schreibkompetenz
- Konzentration
- Fantasie & Kreativität

KOHL VERLAG
Lernen mit Erfolg

Literaturseiten zur Lektüre „Hinter verzauberten Fenstern"

Zitate aus:
Cornelia Funke, „Hinter verzauberten Fenstern"
Copyright © Fischer Taschenbuch Verlag GmbH, Frankfurt am Main 2009
Das Buch: ISBN 978-3-596-80927-1

18. Auflage 2025

© Kohl-Verlag, Kerpen 2011
Alle Rechte vorbehalten.

Inhalt: Pia Schülin
Coverbilder: © Jumpee to do & Nikolaus - AdobeStock.com
Redaktion: Kohl-Verlag
Grafik & Satz: Kohl-Verlag
Druck: Druckhaus Flock, Köln

Bestell-Nr. 14 186

ISBN: 978-3-86632-599-9

Bildquellen *(alle AdobeStock.com)*:
Männchen auf allen Seiten: © ronnarid; **Seite 2:** © Africa Studio; **Seite 7:** © clipart.com; **Seite 9:** © tigatelu; **Seite 10:** © fotomek; **Seite 14:** © Thuan; **Seite 18:** © Rawpixel.com; **Seite 22:** © wetzkaz; **Seite 24:** © naco; **Seite 27:** © ssstocker & moleskostudio; **Seite 28:** © innafoto2017 & moleskostudio; **Seite 29:** © Tony; **Seite 30:** © clipart.com; **Seite 31:** © innafoto2017; **Seite 34:** © krissikunterbunt; **Seite 40:** © Quarta; **Seite 41:** © altadi & Natalila; **Seite 43:** © inspiring.team & Krtola; **Seite 48:** © ink drop; **Seite 50:** © Wonderful PNG; **Seite 51:** © clipart.com; **Seite 53:** © FoxyImage; **Seite 54:** © Galeno & Martyshova; **Seite 62:** © clipart.com

....

Das vorliegende Werk und seine Teile sind urheberrechtlich geschützt. Jede Nutzung in anderen als den gesetzlich zugelassenen Fällen bedarf der vorherigen schriftlichen Einwilligung des Verlages. Hinweis zu § 52a UrhG: Weder das Werk noch seine Teile dürfen ohne eine solche Einwilligung eingescannt und in ein Netzwerk oder das Internet eingestellt werden. Dies gilt auch für Intranets von Schulen und sonstigen Bildungseinrichtungen.

Kontakt: Kohl-Verlag, An der Brennerei 37-45, 50170 Kerpen
Tel: +49 2275 331610, Mail: info@kohlverlag.de

Der vorliegende Band ist eine Print-<u>Einzellizenz</u>

Sie wollen unsere Kopiervorlagen auch digital nutzen? Kein Problem – fast das gesamte KOHL-Sortiment ist auch sofort als PDF-Download erhältlich! Wir haben verschiedene Lizenzmodelle zur Auswahl:

	Print-Version	PDF-Einzellizenz	PDF-Schullizenz	Kombipaket Print & PDF-Einzellizenz	Kombipaket Print & PDF-Schullizenz
Unbefristete Nutzung der Materialien	x	x	x	x	x
Vervielfältigung, Weitergabe und Einsatz der Materialien im eigenen Unterricht	x	x	x	x	x
Nutzung der Materialien durch alle Lehrkräfte des Kollegiums an der lizensierten Schule			x		x
Einstellen des Materials im Intranet oder Schulserver der Institution			x		x

Die erweiterten Lizenzmodelle zu diesem Titel sind jederzeit im Online-Shop unter www.kohlverlag.de erhältlich.

Inhalt

		Seite
Vorwort		4
I.	Der falsche Kalender *(Buchseiten 7-16*)*	5 - 7
II.	Das erste Fenster *(Buchseiten 17-24)*	8 - 11
III.	Der verschwundene Mantel *(Buchseiten 25-34)*	12 - 14
IV.	Jaskobus Jammernich *(Buchseiten 35-47)*	15 - 18
V.	Ein abenteuerlicher Ausflug *(Buchseiten 48-63)*	19 - 22
VI.	Der alte König *(Buchseiten 64-76)*	23 - 25
VII.	Von Harry, dem Hässlichen, und Leo, dem Lügner *(77-85)*	26 - 29
VIII.	Das Fest der Elfen *(Buchseiten 86-103)*	30 - 36
IX.	Nichts als Ärger *(Buchseiten 104-114)*	37 - 41
X.	Der unheimliche Besucher *(Buchseiten 115-124)*	42 - 45
XI.	Die Entführung *(Buchseiten 125-138)*	46 - 50
XII.	Das verlorene Geheimnis *(Buchseiten 139-145)*	51 - 54
XIII.	Der Aufbruch *(Buchseiten 146-154)*	55 - 56
XIV.	Die Schokoladenburg *(Buchseiten 155-167)*	57 - 59
XV.	König Harry, der Hässliche *(Buchseiten 168-178)*	60 - 62
XVI.	Die Rückkehr *(Buchseiten 179-181)*	63 - 64
XVII.	Die Lösungen	65 - 71

*Die Seitenangaben beziehen sich auf das im Fischer-Verlag erschienene Buch: ISBN: 978-3-596-80927-1

Vorwort

Liebe Kolleginnen und Kollegen,

Plätzchen backen, Geschenke basteln, Adventskalender öffnen, anderen eine Freude machen – den Eltern, den Freundinnen und Freunden, den Nachbarn, den Bewohnern des Altenheims – einen Adventsbasar besuchen und einen Tannenbaum kaufen, eine friedliche, erwartungsvolle Adventszeit verbringen. Das wünschen wir uns alle. Trotz Hektik, Stress und Ärger eine fröhliche, gemütliche Zeit?
„Hinter verzauberten Fenstern" ist eine wunderbare Geschichte. Cornelia Funke versteht es wie keine andere, den Zauber der Weihnacht in Worte zu fassen.

In diesem Heft finden Sie:

- Fragen zum Textverständnis
- Fragen, die zu weitergehendem Denken anregen
- Zeichnerische Gestaltung zu verschiedenen Themen
- Übungen zum freien Schreiben
- Verschiedene Rätsel, die sorgfältiges Lesen des Kapitels erfordern
- Grammatikalische Übungen
- u.v.m.

So hoffe ich, dass Sie und Ihre Schüler/innen sich von der vorweihnachtlichen Stimmung des Buches anstecken lassen und dabei so einiges lernen!

Viel Freude und Erfolg beim Einsatz der vorliegenden Kopiervorlagen wünschen Ihnen der Kohl-Verlag und

Pia Schülin

....

Mit Schülern bzw. Lehrern sind im ganzen Band selbstverständlich auch die Schülerinnen und Lehrerinnen gemeint.

Bedeutung der Symbole:

 Einzelarbeit EA

 **Partnerarbeit** PA

 Schreibe ins Heft/ in deinen Ordner

 **Arbeiten in kleinen Gruppen** kG

 **Arbeiten mit der ganzen Gruppe** GA

I. Der falsche Kalender

(Buchseiten 7-16)

  Ordne jeder Person die passende Eigenschaft oder Handlung zu.

> … bekommt den Schokoladenkalender
> … bettelt so lange, bis die Mutter nachgibt
> … findet ihren Kalender richtig blöd
> … fühlt sich alleine und ist verärgert und enttäuscht
> … fürchtet sich im Dunkeln
> … geht schlecht gelaunt in ihr Zimmer
> … hängt Ollis Kalender auf
> … hat sich schlafen gelegt
> … hätte lieber den anderen Kalender gehabt
> … ist beim Einkaufen
> … ist die Schwester von Olli
> … ist jünger als Julia
> … ist neun Jahre alt
> … ist sehr zufrieden mit seinem Kalender
> … kommt schlecht gelaunt vom Einkauf zurück
> … ärgert sich über ihren Bruder
> … schickt Julia in ihr Zimmer
> … sucht vergeblich ihren Schlüssel
> … tritt nicht in Erscheinung
> … versucht Julia erst zu trösten
> … war vorher bei der Arbeit
> … wartet auf der Fensterbank auf ihre Mutter
> … wollte Julia eine Freude machen

Julia: _____

Olli: _____

Mutter: _____

Vater: _____

I. Der falsche Kalender

(Buchseiten 7-16)

Julia ist enttäuscht, weil ihr Bruder den Kalender bekommen hat, den sie gerne selbst gehabt hätte. Sie findet es nicht fair und ist neidisch auf ihren Bruder.

  Bildet Gruppen zu 3-4 Personen und diskutiert die folgenden Fragen.

    a) Verstehst du Julias Enttäuschung und ihre Wut?

    b) Welchen Kalender hättest du lieber gehabt?

    c) Warst du auch schon einmal neidisch auf etwas, das deine Geschwister oder Freunde hatten und du nicht? Wie hast du dich dabei gefühlt? Wie hast du reagiert?

    d) Was empfindest du zum Gefühl Neid? Schämst du dich, wenn du neidisch bist oder findest du dieses Gefühl manchmal auch in Ordnung?

    e) Wie fühlst du dich, wenn jemand anders neidisch auf dich ist?

  *Erzählt vor der Klasse kurz die Erfahrung einer anderen Person aus eurer Gruppe. Sprecht euch dabei so ab, dass über alle Personen etwas erzählt wird, mit dem sie einverstanden sind.*

  Wie stellst du dir Ollis Kalender vor? Zeichne ihn.

I. Der falsche Kalender

(Buchseiten 7-16)

Suche die zwei Ausdrücke, die etwa dasselbe bedeuten. Trage dann die Lösungsbuchstaben oben ein! Als Lösungen ergeben sich lauter kurze Wörter.

a)	stapfen	f____	l)	Pappe	e____
b)	eine Ewigkeit	u____	m)	krabbeln	w____
c)	sich fürchten	a____	n)	Gestalt	M____
d)	gruselig	U____	o)	alles nach der Reihe	i____
e)	wortlos	u____	p)	verzweifelt	i____
f)	grinsen	i____	q)	um den Finger wickeln	Z____
g)	meisterhaft	m____	r)	herrlich	w____
h)	absolut nichts	z____	s)	klitzeklein	A____
i)	empört	d____	t)	kneifen	E____
j)	finster	a____	u)	Becher	R____
k)	zerdeppern	i____	v)	sich abkühlen	d____

oo	einschmeicheln		hr	unheimlich
hr	unglücklich		ch	zerschlagen
ad	Tasse		ür	mit schwerem Schritt gehen
m	schweigend		us	dunkel
it	genial		uf	Angst haben
ie	kriechen		ns	sehr lange
u	sehr wütend		ir	wunderbar
u	überhaupt nichts		ut	Figur
s	Karton		i	zwicken
			st	winzig
			m	breit lachen
			hm	eines nach dem anderen
			as	sich beruhigen

II. Das erste Fenster

(Buchseiten 17-24)

  Überlege bei jedem Satz, ob er korrekt ist oder nicht! Schreibe nachher die Lösungsbuchstaben unten hin. Sowohl die falschen als auch die richtigen Sätze ergeben je ein Lösungswort.

D	a)	Julia saß wütend in ihrem Zimmer.
R	b)	Draußen regnete es.
U	c)	Papa kam und bat Julia sehr lieb, doch bitte aus ihrem Zimmer zu kommen.
A	d)	Olli bot Julia ein Stück Schokolade an, wenn sie rauskäme.
C	e)	Julia blieb stur in ihrem verschlossenen Zimmer.
M	f)	Schließlich trieb sie der Hunger doch noch an den Esstisch.
H	g)	Als alle schliefen, schlich Julia sich in die Küche.
P	h)	Sie wollte heimlich Ollis Kalender zu sich nehmen.
E	i)	Julia trug einen roten Morgenmantel.
B	j)	Zurück im Bett betrachtete Julia neugierig ihren Kalender.
L	k)	Julia aß ein Stück Schokolade, das sie aus Ollis Kalender stibitzt hatte.
K	l)	Sie öffnete sofort alle Fenster, um zu sehen, was sich dahinter versteckte.
O	m)	Nach einigem Zögern öffnete sie das erste Fenster.
A	n)	Dahinter zeigte sich eine langweilige Rumpelkammer mit einer Toilette.
M	o)	Neben der Badewanne hing ein hellblauer Mantel.
M	p)	Julia begann vor Enttäuschung zu weinen.
E	q)	Julia zerriss den Kalender vor Wut.
D	r)	Julia klappte das Fenster enttäuscht wieder zu.
R	s)	Sie versteckte den Kalender unter dem Bett.
E	t)	Sie lehnte den Kalender an einen Stuhl, sodass sie ihn vom Bett aus sehen konnte.
N	u)	Gegen ihren Willen musste Julia zugeben, dass der Kalender wunderschön glitzerte.

Lösungswort richtige Sätze: __ __ __ __ __ __ __ __ __ __ __

Lösungswort falsche Sätze: __ __ __ __ __ __ __ __ __ __

II. Das erste Fenster

(Buchseiten 17-24)

Suche dir einen Partner/eine Partnerin für folgende Aufgabe:
Entschlüsselt gemeinsam die Adjektive aus Kapitel 2.

ß = SS

WASCHRZ
DUWRENCHSÖN
SINSRNEATTE
DIEBITLEG
SOGRS
TULA
BUEHLLAL
SORGZSÜIGG
WÜNETD
NEURIEGIG
HLSENLC
LISEE
SSIATISHURMC
RENVÖS
LUDNEK
GIEGALINLW
VENSILHMGEILO
MÜDE
TOR
SMHALC
GEEGUTRAF

II. Das erste Fenster

(Buchseiten 17-24)

a) *Setzt die Adjektive aus Aufgabe 2 (Seite 9) in den folgenden Lückentext ein.*

b) *Lest euch den vollständigen Text gegenseitig möglichst lebhaft vor.*

1. Julia blieb in ihrem Zimmer: sie fühlte sich _____ und _____.

2. Als der Vater Julia holen wollte, antwortete sie _____: „Ich will aber nicht!"

3. Olli bot ihr _____ ein Stück Schokolade an.

4. Als alle schliefen, zog Julia ihren _____ Morgenmantel an.

5. Eigentlich hätte sie lieber einen _____ gehabt.

6. Sie schlich _____ hinunter, durch den _____ Flur in die Küche.

7. In der Küche war es ganz _____.

8. Auch draußen sah man die Bäume nur als _____ Umrisse.

9. Wieder in ihrem Zimmer, kroch Julia _____ unter die Bettdecke.

10. Ein wenig _____ war sie nun doch und etwas _____ auf den Kalender.

11. _____ betrachtete sie den Kalender.

12. Er war _____, viel größer als der von Olli.

13. _____ versuchte sie mit dem Fingernagel das erste Fenster zu öffnen.

14. Enttäuscht schaute sie das Bild der Rumpelkammer an; sie hatte es gewusst: Dieser Kalender war einfach _____ und blöd, kein bisschen _____.

15. Sie stellte den Kalender neben ihr Bett und schaute noch einmal das Haus darauf an: irgendwie sah es traurig und _____ aus.

16. Gegen ihren Willen musste Julia zugeben: der Kalender war zwar langweilig, aber er glitzerte _____.

17. Nun war Julia endlich so _____, dass sie einschlafen konnte.

II. Das erste Fenster

(Buchseiten 17-24)

  Wir haben Julia schon in vielen verschiedenen Gefühlslagen erlebt. Überlege dir, ob du diese Gefühle auch kennst, und beende die angefangenen Sätze mit einer Erfahrung aus deinem Erleben.

1. Ich werde wütend, wenn _____

2. Ich bin enttäuscht, wenn _____

3. Ich reagiere misstrauisch, wenn _____

4. Es macht mich nervös, wenn _____

5. Ich bin traurig, wenn _____

6. Ich bin neugierig, wenn _____

7. Ich finde es langweilig, wenn _____

8. _____ finde ich interessant, weil _____

9. Ich reagiere beleidigt, wenn _____

10. Ich ziehe mich zurück, wenn _____

III. Der verschwundene Mantel

(Buchseiten 25-34)

Suche in den untenstehenden Schüttelsätzen die richtige Antwort auf die folgenden Fragen. Entschlüssle zuerst die Antwortsätze und überlege nachher, zu welcher Frage sie passen. Schreibe die Nummer der Frage vor die Antwort.

a) ☐ Kalender - sie - gemalt - hätte - Jacke - Sie - sagt - die - in - den - „.

___

b) ☐ ob - Julia - Sie - hoffen - dass - nicht - fragen - sich - sich - fühlt - besser - und - sie - Zimmer - mehr - ihrem - einschließen - in - wird - „,.

___

c) ☐ Kleiderständer - hing - eine - Papierblume - Knopfloch - im - Am - plötzlich - karierte - einer - Jacke - mit - .

___

d) ☐ die - hat - Olli - Mutter - Nein - sein - Zimmer - geschickt - in - Glück - zum - „.

___

e) ☐ gewünscht - Geheimnis - immer - richtiges - Sie - haben - zu - schon - hatte - sich - mal - ein - „.

___

f) ☐ Bild - auch - enttäuschend - Sie - finden - das - langweilig - und - ziemlich - .

___

g) ☐ gehen - in - auf - und - Sie - öffnen - erste - das - Zimmer - Julias - Fenster - hängen - Kalender - den - „.

___

h) ☐ mit - Erstaunen - Mantel - schwarze - großem - Sie - dass - der - erkennt - ist - weg -„.

___

1. Wie empfangen die Eltern Julia am nächsten Tag beim Frühstück?
2. Was machen Julia, Olli und die Mutter nach dem Frühstück?
3. Wie reagieren Olli und die Mutter auf das Bild der Rumpelkammer?
4. Was fällt Julia auf, als sie die Rumpelkammer an diesem Morgen sieht?
5. Wie hat sich die Rumpelkammer bis zum Abend verändert?
6. Wie erklärt Julia Olli gegenüber das plötzliche Erscheinen der karierten Jacke?
7. Warum erzählt Julia niemandem etwas von der Veränderung des Kalenders?
8. Ist Olli dabei, als Julia das zweite Fenster öffnet?

III. Der verschwundene Mantel

(Buchseiten 25-34)

 Such dir einen Partner/eine Partnerin für folgende Aufgaben:

a) Sucht die untenstehenden Wörter in dem Buchstabensalat.
Die Wörter können horizontal, vertikal und diagonal versteckt sein.

b) Schreibt vor jedes Adjektiv ein „**A**", vor jedes Verb ein „**V**"
und vor jedes Nomen/Substantiv den richtigen Artikel.
Andere Wortarten bezeichnest du mit einem „**R**" für Rest.

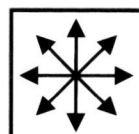

K	T	S	W	Q	V	H	J	F	X	S	M	Q	I	T
A	R	R	Q	H	E	E	T	R	R	A	T	S	H	R
L	E	A	E	J	G	G	R	A	Z	K	T	C	Z	A
E	I	F	A	T	Ä	I	R	S	Ü	W	S	Y	N	N
N	R	B	E	Q	S	Y	M	C	P	U	E	G	K	Y
D	A	O	K	K	N	N	H	W	Ä	R	U	I	G	F
E	K	Q	K	M	E	E	E	T	C	C	A	I	T	J
R	C	Q	B	O	V	J	T	F	K	W	D	C	L	E
Y	F	C	S	R	R	N	A	E	T	T	E	B	H	Q
E	R	R	E	G	E	O	N	V	K	S	L	Z	F	M
C	W	Ü	T	E	N	D	G	M	M	E	Q	V	V	W
S	J	C	O	N	D	N	M	B	T	A	B	B	P	A
P	K	U	X	S	X	Y	R	N	Y	A	K	M	Q	O
S	C	H	O	K	O	L	A	D	E	Y	P	T	Z	M
V	B	L	Z	R	K	M	W	X	X	G	X	C	N	C

___ ANGUCKEN ___ BETT ___ ENTTÄUSCHT ___ FENSTER

___ KARIERT ___ KALENDER ___ KAM ___ MORGEN

___ ZWEITE ___ KÜCHE ___ MANTEL ___ VERSPRACH

___ STARRTE ___ NERVENSÄGE ___ SCHOKOLADE ___ WÜTEND

Seite 13

III. Der verschwundene Mantel

(Buchseiten 25-34)

  *Such dir einen Partner/eine Partnerin für folgende Aufgabe:*

Schreibt mit den 16 Wörtern aus Aufgabe 2 (Seite 13) mindestens 10 Sätze in euer Heft/in euren Ordner, in denen ihr wichtige Dinge aus diesem Kapitel erzählt.

  Setze im untenstehenden Text alle fehlenden Satzzeichen ein.
(Ein Tipp: Es sind 4 Fragezeichen, 4 Kommas, 4 Ausrufezeichen (nie, wenn Julia spricht!), 11 Punkte und viele Anführungs- und Schlusszeichen.)

Was willst du

Darf ich rein

Nein

Wieso nicht

Ich lese

Ich möchte deinen Kalender nochmal angucken

Morgen

Ich will aber jetzt

Nein

Du bist gemein

Und du bist eine Nervensäge

Ich sage Mama dass du abgeschlossen hast

Mach's doch

Wenn du mich reinlässt kannst du morgen die Schokolade aus meinem Kalender haben

Nein danke

Ich will doch nur mal gucken

Nein

Olli was machst du denn da oben

Ab ins Bett mit dir aber schnell

  Wie hättest du an Julias Stelle reagiert? Hättest du Olli reingelassen? Und was hättest du getan, wenn du Olli wärst? Schreibe einige Sätze dazu in dein Heft/indeinen Ordner.

IV. Jakobus Jammernich

(Buchseiten 35-47)

  Kannst du dich an 13 Dinge erinnern, die Julia im Zimmer hinter dem zweiten Fenster sah? Acht davon findest du hier als Schüttelwörter, die letzten fünf musst du selber finden.

a) ührBec = _____ **e)** gRela = _____

b) lomdolnV = _____ **f)** naZeg = _____

c) soeDn = _____ **g)** pciheTp = _____

d) psütisneGb = _____ **h)** telKofbsf = _____

<u>Die weiteren fünf Dinge:</u> _____

  Versuche dir eine Flugmaschine deiner Fantasie vorzustellen Beschreibe sie ganz genau in vollständigen Sätzen und male sie in den Kasten.

IV. Jakobus Jammernich

(Buchseiten 35-47)

a) *Suche zu jedem Satzanfang das passende Satzende!*
b) *Zähle die beiden Zahlen zusammen. Ihre Summe muss immer durch 6 teilbar sein.*
c) *Lies die vollständigen Sätze mehrmals genau durch und versuche, sie dir zu merken.*

1. Im zweiten Zimmer … ____ + ____ = ____
2. Alles war so klein, … ____ + ____ = ____
3. Plötzlich dachte Julia … ____ + ____ = ____
4. Mit ihrer Hilfe konnte sie die Gegenstände … ____ + ____ = ____
5. Plötzlich realisierte Julia, … ____ + ____ = ____
6. Als sich die Türe öffnete, … ____ + ____ = ____
7. Als der kleine Mann Julia sah, … ____ + ____ = ____
8. Der Mann stellte sich als … ____ + ____ = ____
9. Er freute sich riesig, … ____ + ____ = ____
10. Jakobus stieg mit Julia … ____ + ____ = ____
11. Julia hatte noch nie … ____ + ____ = ____
12. Bevor Julia zurück in ihr Zimmer ging, … ____ + ____ = ____

Satzende:

9	… dass Julia ihn im Kalender besuchte.
1	… dass sie selbst im Kalenderzimmer stand.
14	… im Zimmer plötzlich viel besser erkennen.
42	… schenkte Jakobus ihr noch eine kleine Flugmaschine.
24	… trat ein Mann mit einer Blumenvase ins Zimmer.
25	… so viele Sterne gesehen.
10	… dass Julia fast nichts erkennen konnte.
16	… Jakobus Jammernich vor.
32	… auf eine Leiter.
11	… liess er vor Schreck die Blumenvase auf den Boden fallen.
39	… an ihre Lupe.
59	… wimmelte es von tausend Dingen.

IV. Jakobus Jammernich

(Buchseiten 35-47)

  Die Sätze aus Aufgabe 3 (Seite 16) hängen vorne an der Tafel. Schreibe nun ein Wanderdiktat. Regel: Geschrieben wird nur sitzend auf dem eigenen Stuhl! Also entweder hast du ein gutes Gedächtnis oder du hast schnelle Füße ...

Vorlage Wanderdiktat

1. Im zweiten Zimmer wimmelte es von tausend Dingen.

2. Alles war so klein, dass Julia fast nichts erkennen konnte.

3. Plötzlich dachte Julia an ihre Lupe.

4. Mit ihrer Hilfe konnte sie die Gegenstände im Zimmer plötzlich viel besser erkennen.

5. Plötzlich realisierte Julia, dass sie selbst im Kalenderzimmer stand.

6. Als sich die Türe öffnete, trat ein Mann mit einer Blumenvase ins Zimmer.

7. Als der kleine Mann Julia sah, ließ er vor Schreck die Blumenvase auf den Boden fallen.

8. Der Mann stellte sich als Jakobus Jammernich vor.

9. Er freute sich riesig, dass Julia ihn im Kalender besuchte.

10. Jakobus stieg mit Julia auf eine Leiter.

11. Julia hatte noch nie so viele Sterne gesehen.

12. Bevor Julia zurück in ihr Zimmer ging, schenkte Jakobus ihr noch eine kleine Flugmaschine.

IV. Jakobus Jammernich

(Buchseiten 35-47)

  Beantworte folgende Fragen zum Bild auf Buchseite 45 in vollständigen Sätzen.

a) Welche Farbe hat Julias Pullover?

_____

b) Wie viele Blumentöpfe siehst du?

_____

c) Wer sitzt im Korb, der von der Decke hängt?

_____

d) Worauf steht Julia?

_____

e) Welche Tiere siehst du außer der Eule?

_____

f) Was hängt an dem Kleiderbügel?

_____

g) Wo liegt die Säge?

_____

h) Welche Farbe haben Jakobus' Schuhe?

_____

i) Was hat Jakobus auf dem Kopf?

_____

j) Was frisst die Maus in der Mitte des Bildes?

_____

k) Wie fühlt sich Julia wohl?

_____

V. Ein abenteuerlicher Ausflug

(Buchseiten 48-63)

  Entscheide dich, welche der Antworten die richtige ist! Die Buchstaben der korrekten Antworten ergeben ein Lösungswort.

a) Was hat Julias Familie am Samstag vor?

    E   Die Familie macht einen Ausflug ins Grüne.
    S   Die Familie hat die Großmutter eingeladen.
    P   Die Familie will Freunde besuchen.

b) Wie reagiert Julia, als Olli lange in ihren Kalender schaut?

    E   Sie lenkt ihn mit einer Tüte Gummibärchen ab.
    O   Sie weiht ihn in ihr Geheimnis ein.
    S   Sie schickt ihn wütend aus dem Zimmer.

c) Wen trifft Julia im Kalender an diesem Tag?

    N   Sie trifft Jakobus Jammernich.
    T   Sie trifft den König, Jakobus und den Türsteher.
    R   Sie trifft Jakobus und den unfreundlichen Türsteher.

d) Wie kommen Julia und Jakobus zum Schloss?

    I   Sie fliegen mit einem kleinen Hubschrauber.
    Ü   Sie fliegen mit Jakobus' Badewannen-Ballon.
    E   Sie gehen zu Fuß.

e) Julia findet das Fliegen …

    S   fantastisch.
    K   schrecklich.
    C   eines Teils faszinierend, andernteils beängstigend.

f) Welche Häuser sehen sie aus der Luft?

    A   Sie erkennen verlassene Schokoladenkalender.
    K   Sie sehen verfallene Kalenderhäuser.
    R   Sie sehen lauter Schlösser und Burgen.

g) Warum hat Julia ein wenig ein schlechtes Gewissen?

    E   Sie war auch eines der Kinder, das lieber einen Schokoladenkalender gehabt hätte.
    N   Sie hätte immer noch lieber einen Schokoladenkalender.
    R   Sie denkt daran, dass sie ihre Familie angeschwindelt hat.

Lösungswort: ____ ____ ____ ____ ____ ____ ____

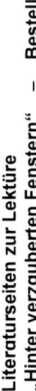

V. Ein abenteuerlicher Ausflug

(Buchseiten 48-63)

  Suche zu jedem Wort ein Synonym (gleiche Bedeutung) aus dem Silbensalat unten. Die Zahl in Klammer gibt an, aus wie vielen Silben das gesuchte Wort besteht. Die gesuchten Wörter sind alle aus dem 5. Kapitel.

a) Zwerg (1) _____ **k)** nerven (2) _____

b) begeistert (3) _____ **l)** weggehen (3) _____

c) schwindeln (2) _____ **m)** stöhnen (2) _____

d) Besucher (1) _____ **n)** komisch (3) _____

e) unterdrücken (3) _____ **o)** Korridor (1) _____

f) vielfarbig (1) _____ **p)** abschätzig (3) _____

g) glänzend (2) _____ **q)** hässlich (2) _____

h) erstaunt (2) _____ **r)** frech (3) _____

i) Steuer (2) _____ **s)** wertvoll (2) _____

j) blinzeln (2) _____ **t)** brav (3) _____

---

fas - bar - bunt - leuch - är - las - zen - hor - lü - knei - dutzt - Knirps - lich - ver - ge - rad - kern - seuf - ächt - Flur - dig - ver - tend - zi - scheuß - un - merk - zwin - lich - Gast - niert - kost - sam - schämt - wür - ver - gern - Lenk - ver - gen - ver - fen - sen

---

  *Ordne die untenstehenden Beschreibungen Jakobus oder dem Türsteher zu! Schreibe bei jedem noch 2 weitere Eigenschaften dazu.*

---

freundlich, erfreut, viele Hüte auf dem Kopf, eine Perücke auf dem Kopf, klein und dick, Erfinder, griesgrämig, glücklich, schwarzer Mantel, streng, vorwurfsvoll, abstehende Ohren, karierte Jacke, humorlos

---

Jakobus	Türsteher

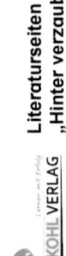

V. Ein abenteuerlicher Ausflug

(Buchseiten 48-63)

  Dies sind die Synonyme aus *Aufgabe 2*: Bildet Gruppen zu 3-4 Personen, schneidet die Karten aus und legt sie verdeckt hin. Sucht Wortpaare, die das Gleiche bedeuten. Wenn ihr eine Karte aufgedeckt habt, sagt, was auf der anderen stehen muss, bevor ihr sie sucht.

Knirps	**Zwerg**	**fasziniert**	**begeistert**
lügen	schwindeln	kostbar	wertvoll
bunt	vielfarbig	Flur	Korridor
ärgern	nerven	brav	gehorsam
weggehen	verlassen	zwinkern	blinzeln
seufzen	stöhnen	scheußlich	hässlich
Lenkrad	Steuer	merkwürdig	komisch
verkneifen	unterdrücken	glänzend	leuchtend
erstaunt	verdutzt	Besucher	Gast
frech	unverschämt	abschätzig	verächtlich

V. Ein abenteuerlicher Ausflug

(Buchseiten 48-63)

  *Beantworte die Fragen zum Bild auf Buchseite 51.
Schreibe bei jedem noch 2 weitere Eigenschaften dazu.*

Waagerecht

3. Neben drei blauen Büchern steht ein ...
4. Welche Farbe hat der Flicken auf Jakobus' Ärmel?
6. Wie viele gelbe Punkte sind auf der Tischplatte?
7. Welche Farbe hat Jakobus' Hemd?
9. Was will Jakobus nun gleich anziehen?
10. Auf dem .... hat es gelbe Punkte.
11. Wie viele Bücher liegen oder stehen auf dem zweiten Regalbrett von oben im linken Regal?
12. Wie viele rote Schachteln stehen aufeinander?

ß = SS

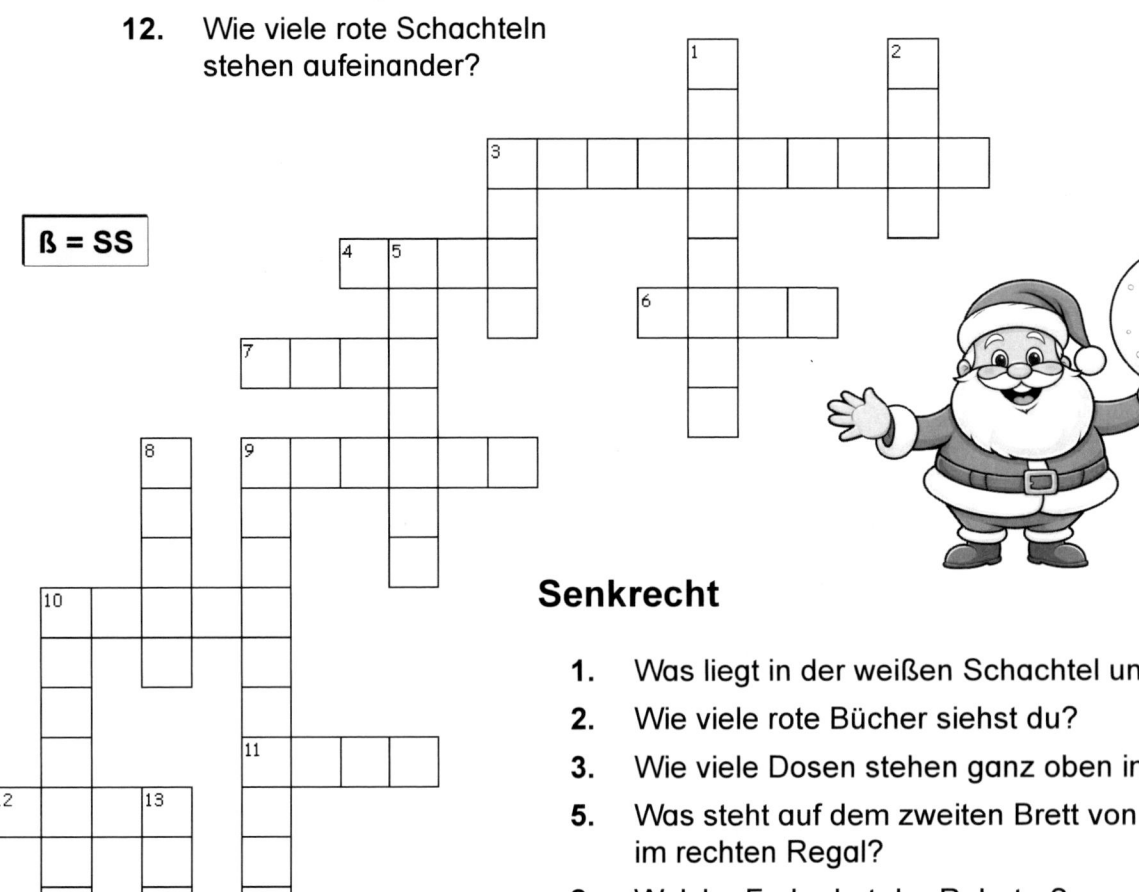

Senkrecht

1. Was liegt in der weißen Schachtel unten?
2. Wie viele rote Bücher siehst du?
3. Wie viele Dosen stehen ganz oben im Regal?
5. Was steht auf dem zweiten Brett von unten im rechten Regal?
8. Welche Farbe hat der Roboter?
9. Zu welchem Schulfach passen die Zeichen auf der Tafel?
10. Worauf steht Jakobus?
13. Welche Farbe haben die Knöpfe an Jakobus' Hemd?

VI. Der alte König

(Buchseiten 64-76)

  Suche dir einen Partner / eine Partnerin für folgende Aufgabe:

a) Julia überlegt sich immer wieder, ob sie ihr Geheimnis vielleicht doch mit jemandem teilen sollte. Stellt euch vor, ihr wärt Julia und ihr erzählt eure Erlebnisse mit dem Kalender einer nahestehenden Person (Mutter, Vater, Geschwister, Freundin, Kollege, Lehrerin etc.). Schreibt einen Dialog zwischen Julia und dieser Person. Überlegt, wie das Gegenüber reagieren könnte: begeistert, ungläubig, misstrauisch, neidisch, ängstlich …

b) Wenn ihr den Dialog fertig habt, studiert ihr ihn zu zweit so gut ein, dass ihr ihn nachher vor der Klasse präsentieren könnt!

  Ergänze bei den folgenden Verben (Infinitve) die fehlenden Vokale.

a) vrsprchn _____

b) sthn _____

c) fhrn _____

d) kmmn _____

e) bgrßn _____

f) vrgssn _____

g) sn _____

h) hbn _____

i) fndn _____

j) spln _____

k) strrn _____

l) trgn _____

m) sprchn _____

n) rzhln _____

o) frgn _____

p) wlln _____

q) brlgn _____

r) mchn _____

s) glngn _____

t) gbn _____

  Julia hat sehr viel erlebt an diesem Tag. Stell dir vor, du hättest diesen Tag erlebt und berichtest abends darüber in deinem Tagebuch: Was hat dich am meisten berührt und beschäftigt? Worüber hast du dich gefreut, worüber geärgert? Schreibe ungefähr 10 Sätze in dein Heft.

VI. Der alte König

(Buchseiten 64-76)

  Setze die Verben aus <u>Aufgabe 2</u> (Seite 23) im Präteritum in den folgenden Lückentext ein! Die Reihenfolge der Verben stimmt dabei nicht mit der Reihenfolge der Sätze überein!

Der Türsteher _____ Julia und Jakobus in den Thronsaal.

Dort _____ hunderte von Menschen und starrten sie an.

Der König _____ sie herzlich.

Er _____ sehr dünn, alt und _____ einen goldenen Anzug.

Auf dem Kopf _____ er eine viel zu große Krone.

Der König _____ freundlich mit Julia und _____ sie, wie es ihr im Kalender gefalle.

Der König _____ Jakobus, sein Haus reparieren zu lassen.

Er _____ sogar, einige der verlassenen Häuser wieder öffnen zu lassen.

Leo mischte sich ein und _____ den König an seinen Plänen hindern.

Leo _____ sich eher für die Schokoladenkalender stark.

Der König _____ die ganze Zeit alles, was er gehört und gesagt hatte.

Julia _____ Leo schrecklich.

Jakobus _____ Julia zum Abschied einen dicken Kuss.

Als Julia in ihr Haus zurück_____, hatte sie großen Hunger.

Kurz darauf _____ Julias Familie nach Hause.

Julia _____ gerade mit ihrer Flugmaschine.

Leider _____ es ihr nicht rechtzeitig, sie vor Olli zu verstecken.

Damit er der Mutter nichts _____, versprach Julia ihm, er dürfe mit der Maschine spielen.

VI. Der alte König

(Buchseiten 64-76)

a) *Du hast unten ein leeres Bild des Thronsaales und dazu 12 Dinge und Personen, die in den Thronsaal gehören. Du hörst von deiner Lehrperson (oder einem Partner), wohin du die Dinge im Thronsaal platzieren sollst. Pass gut auf, du hörst jede Anweisung nur einmal! Notiere alle Wörter an dem angegebenen Platz. Am Schluss hörst du (zur Korrektur) alle Anweisungen noch einmal.*

b) *Wenn du magst, wäre es natürlich toll, wenn du nun noch ein Bild zum Thronsaal malen würdest!*

TEPPICH - THRON - LEO - JULIA - TÜRSTEHER - ZUSCHAUER - EINGANG - ZUSCHAUER - KÖNIG - TREPPE - WACHE - JAKOBUS - FENSTER

Der Thronsaal

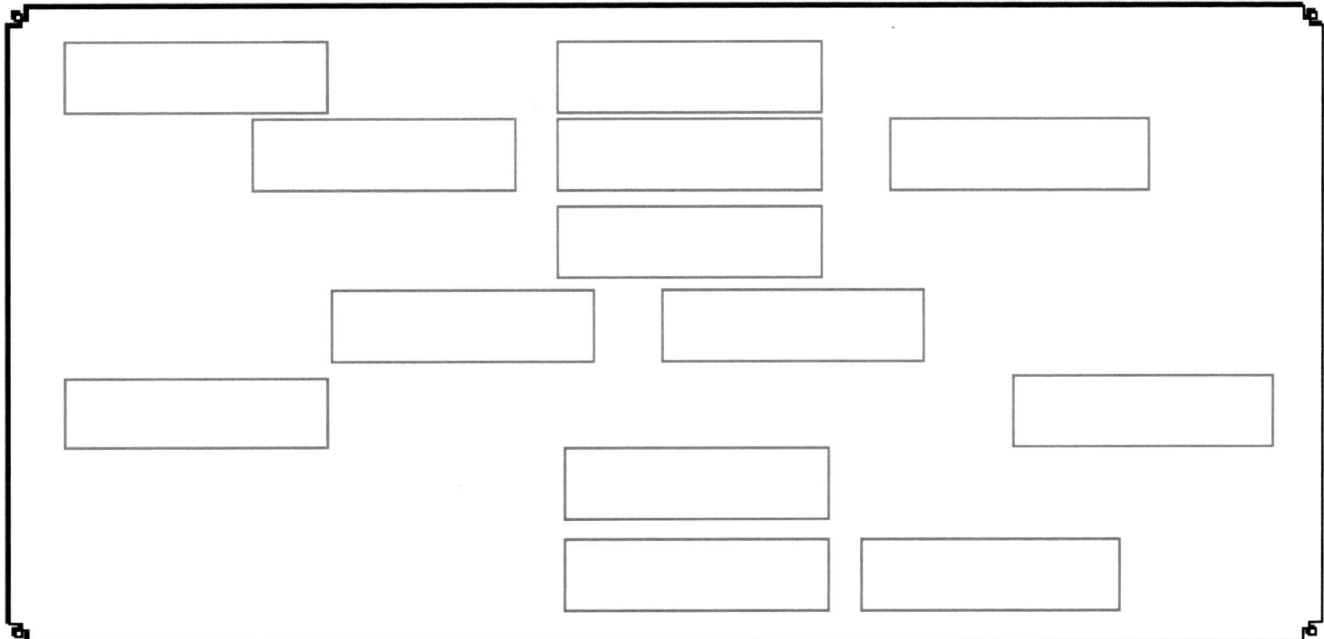

Hörtext:

Der Eingang ist vorne in der Mitte.
Direkt hinter dem Eingang liegt der rote Teppich.
Hinten in der Mitte steht der Thron.
Eine kleine Treppe führt zum Thron hinauf.
Rechts und links auf der Seite in der Hallenmitte stehen viele Zuschauer.
Jakobus steht unten rechts an der Treppe.
Julia befindet sich links neben Jakobus.
Der König sitzt auf dem Thron.
Leo erscheint rechts neben dem Thron.
Links neben dem Thron steht eine Wache.
Der Türsteher bleibt direkt am Eingang stehen.
Hinter der Wache links sieht man ein Fenster.

VII. Von Harry, dem Hässlichen, und Leo, dem Lügner

(Buchseiten 77-85)

a) *Suche dir einen Partner. Nehmt das Buch zur Hand und lest euch gegenseitig die erste Seite des 7. Kapitels (Buchseite 77) vor.*

b) *Legt das Buch weg und versucht gemeinsam den untenstehenden Text zu entziffern. Lest ihn euch zuerst gegenseitig so vor, wie er geschrieben ist: Das klingt ganz lustig! Die Vokale sind oft vertauscht, die Konsonanten sind alle richtig. Könnt ihr die richtigen Wörter erraten? Schreibt den Text schließlich korrigiert unten auf.*

Aun Schirke am silbornen Inzog wer girede debie, eunin schenen Prunzon eis eunar fleigonden Budewonne zo schmaußin, ols jimend in Jolaus Urm rottilte. Is wor haller Margon, and Ilii stund am Schlafenzog neban ohrum Bitt.
„Morgan!", sägte or. „Mimi het gesogt, och sell dach wicken."
„Qietsch!", brammto Jilai ind reib sach dau Eugen. „Haute ist Sinntog. Olso heu ob and liss mach wauterschlüfen."
„Über Imi kemmt hiete", sogte uhr Brader.
„Och si." Jilau krech gahnend inter ohrer Decku harvir.
„Werim host di des nacht glauch gosogt?" Sau mächte uhru Uma sohr garne, ind sou find as eißerst schudo, diss sau nor nach eune hutti. Vorschlifen teimelto sou zo ahrom Schrünk ind zag otwis zim Unzeihen hireus.

VII. Von Harry, dem Hässlichen, und Leo, dem Lügner

(Buchseiten 77-85)

  Suche zu jedem Satzanfang ein passendes Satzende! Trage die Buchstaben vor den passenden Satzenden in das Kästchen vor dem Satzanfang ein. Sie ergeben in der richtigen Reihenfolge ein Lösungswort.

a) ☐ Olli kommt Julia wecken, ...

b) ☐ Julia steht auf, ...

c) ☐ Olli grinst zufrieden, ...

d) ☐ Julia zerrt Olli vom Kalender weg, ...

e) ☐ Olli fragt, ...

f) ☐ Sobald die Eltern vor dem Fernseher sitzen, ...

g) ☐ Jakobus nimmt einen Kamm, ...

h) ☐ Leo ärgert sich, ...

i) ☐ Prinz Harry wohnt bei Jakobus im Haus, ...

j) ☐ Jakobus hat Angst, ...

k) ☐ Julia freut sich, ...

l) ☐ Julia sieht plötzlich entsetzt, ...

m) ☐ Als Olli mit der Mutter zurück ins Zimmer kommt, ...

n) ☐ Mama glaubt Olli nicht, ...

o) ☐ Julia ist glücklich, ...

Lösungswort: _____

K ... weil der König die alten Häuser nicht abreissen lassen will.
V ... weil er nachher mit der Flugmaschine spielen darf.
N ... dass Olli ihr Zimmer betritt.
R ... dass sie ein so wunderbares Geheimnis hat.
S ... um seine Perücke zu kämmen.
E ... dass Julia vorhin nicht in ihrem Zimmer gewesen ist.
N ... ob Julia nicht den Kalender mit ihm tauschen möchte.
L ... dass Leo etwas gegen Harry im Schilde führt.
D ... liegt Julia ganz unschuldig auf dem Bett.
A ... weil er Leo nicht mehr treffen wollte im Palast.
D ... obwohl sie noch müde ist.
E ... dass die Elfen ein Fest für sie organisieren wollen.
T ... stattet Julia Jakobus einen Besuch ab.
A ... weil ihre Oma zu Besuch kommt.
E ... damit er nicht zu lange hineinstarrt.

VII. Von Harry, dem Hässlichen, und Leo, dem Lügner

(Buchseiten 77-85)

Suche zu jedem Wort ein Synonym aus der Liste unten! Schreibe zur Kontrolle das gefundene Wort an die entsprechende Stelle im Kreuzworträtsel.

Bösewicht - erstaunt - werfen - organisieren - Blödsinn - Vorhänge - sehr - eilig - torkeln - schreien - später - brummen - aufmachen - herrlich - ziehen - ständig - kriegen - Wut - Palast - zulassen - planen

Waagerecht

4. öffnen
7. wunderbar
8. Schurke
13. zerren
15. taumeln
16. brüllen
17. Quatsch
19. bekommen
20. veranstalten

Senkrecht

1. verblüfft
2. Schloss
3. schmeißen
5. erlauben
6. Gardinen
9. Ärger
10. im Schilde führen
11. hastig
12. äußerst
14. knurren
16. dauernd
18. nachher

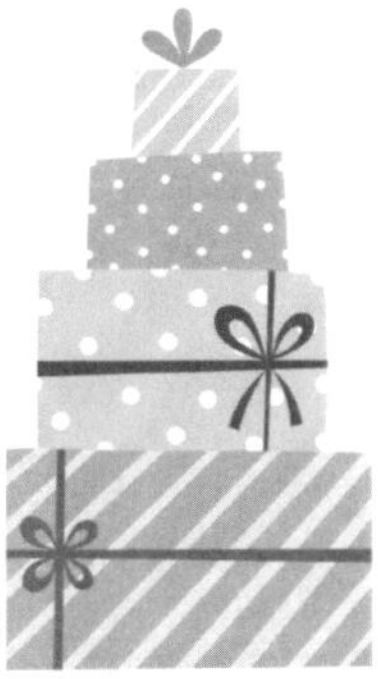

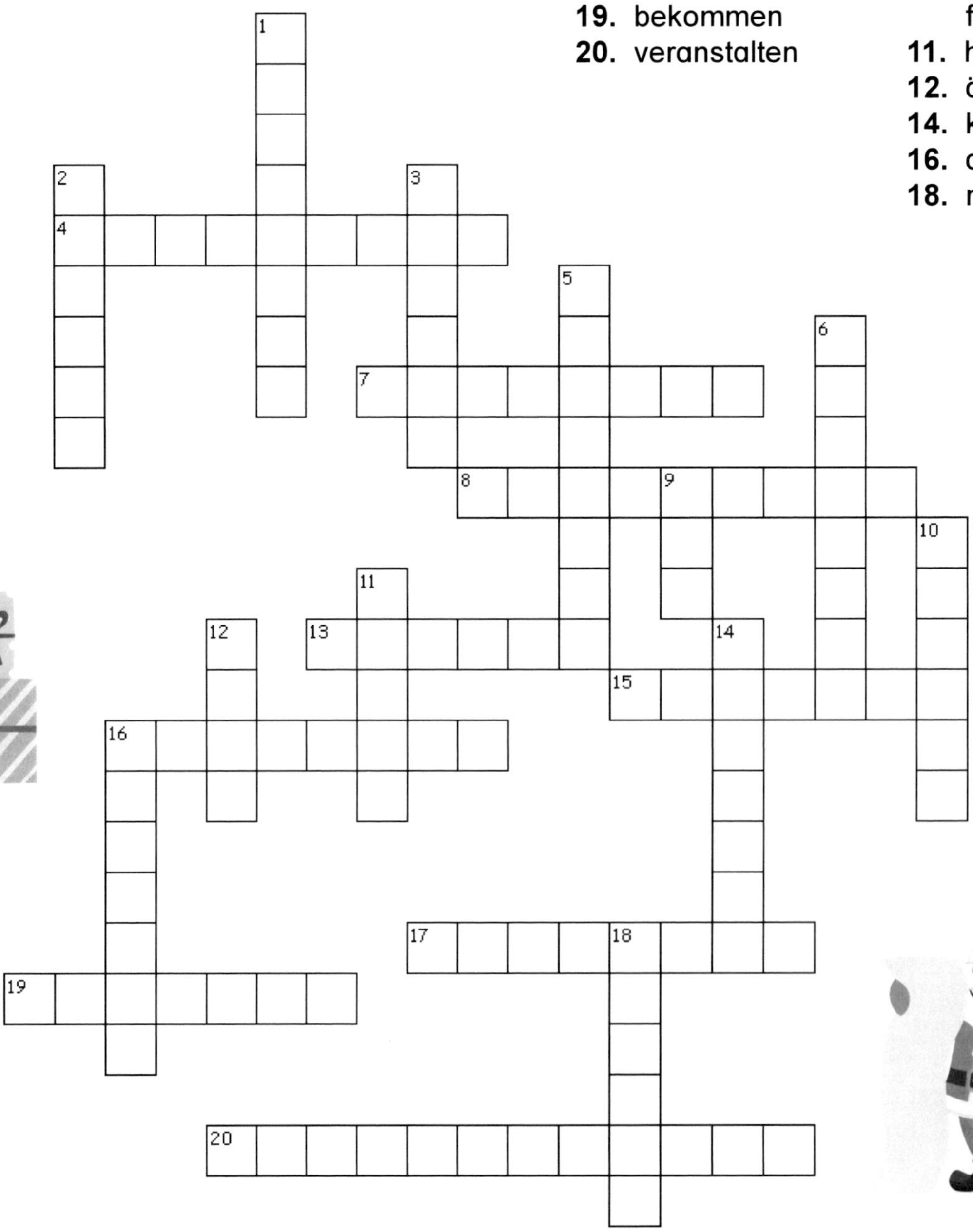

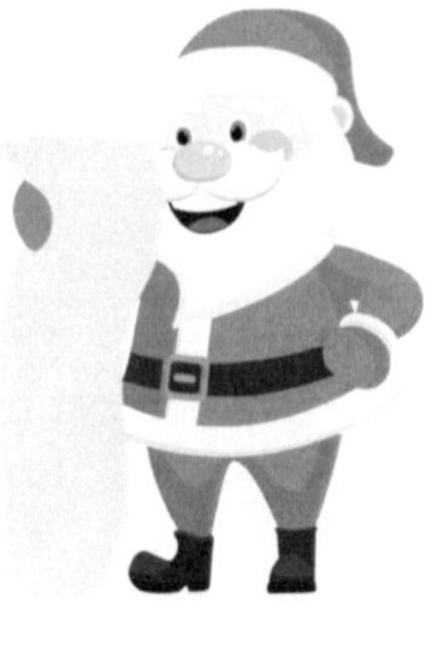

VII. Von Harry, dem Hässlichen, und Leo, dem Lügner

(Buchseiten 77-85)

 4 *Entziffere die Schüttelwörter! Der Anfangsbuchstabe ist immer groß.*

a) euschB _____

b) feEln _____

c) üreLng _____

d) saubelokiNand _____

e) lichtEreret _____

f) nedAb _____

g) zirnP _____

h) eiseschVergtilk _____

i) neidarG _____

j) reeLe _____

k) miesehinG _____

l) hüKec _____

 5 *Schreibe mit den 12 gefundenen Wörtern aus Aufgabe 4 eine kleine Zusammenfassung über Kapitel 7 hier auf (schreibe etwa 12 Sätze).*

_____
_____
_____
_____
_____
_____
_____
_____
_____
_____

VIII. Das Fest der Elfen

(Buchseiten 86-103)

Bildet Gruppen zu 3-4 Personen und diskutiert folgende Zitate und Fragen aus der Geschichte. Überlegt dabei, wie ihr euch an Julias Stelle gefühlt oder verhalten hättet und, ob ihr auch selbst schon einmal in einer ähnlichen Situation wart.

1. Julia wusste: „Das würde Ärger geben. Aber trotzdem – heute Abend ging es einfach nicht anders."

   Hättet ihr euch auch so verhalten wie Julia? Habt ihr auch schon einmal etwas getan, von dem ihr genau wusstet, es würde später Ärger geben? Warum habt ihr es dennoch getan?

2. „Diese Kleider trage ich nur zu ganz besonderen Anlässen. Heute habe ich sie dir zu Ehren angezogen.", – „Herzlich willkommen! - Damit bist natürlich du gemeint."
   „Wir sitzen alle da und warten.", „Ist sie nicht wunderschön?", „Hoch soll sie leben, hoch soll sie leben, hoch soll sie leben, dreimal hoch!", „Wir möchten dich zur Ehrenheinzelfrau ernennen!"

   Julia ist der absolute Star an diesem Abend. Alle freuen sich unglaublich über ihr Kommen, empfangen sie herzlich, machen ihr Komplimente und verwöhnen sie. Julia scheint es zu genießen und glücklich zu sein. Und ihr? Kennt ihr so was auch oder würdet ihr das gerne mal erleben?

3. „Jede dieser Kerzen steht für ein Jahr, das wir vergeblich auf einen Gast gewartet haben. Wenn du sie jetzt ausbläst, pustest du all die scheußlichen Jahre weg, und wir werden sie einfach vergessen!"

   Die Kalenderbewohner waren lange Jahre sehr einsam und traurig, fanden keinen Grund mehr zum Feiern. Nun hat sich durch Julias Besuch alles zum Guten verändert. Glaubt ihr, dass sich „all die schlechten Jahre wegpusten lassen", wenn plötzlich etwas Wunderschönes geschieht? Habt ihr auch schon mal erlebt, dass ihr traurig und alleine wart und plötzlich hat euch eine Begegnung mit einem anderen Menschen geholfen, das Traurige weg zu pusten und vielleicht sogar zu vergessen?

VIII. Das Fest der Elfen

(Buchseiten 86-103)

Hier hast du die Zitate aus der Diskussionsrunde unter Punkt 1 dieses Kapitels. Überlege dir, welches Zitat vom wem stammt, und schreibe den entsprechenden Namen hinter das Zitat. Zu jeder Nummer findest du dann ein kleines Lösungswort, wenn du die angegebenen Buchstaben aus dem Namen unten einträgst.

1. „Das würde Ärger geben. Aber trotzdem - heute Abend ging es einfach nicht anders." _____

2. „Diese Kleider trage ich nur zu ganz besonderen Anlässen. Heute habe ich sie dir zu Ehren angezogen." _____

3. „Wir möchten dich zur Ehrenheinzelfrau ernennen!" _____

4. „Wir sitzen alle da und warten." _____

5. „Ist sie nicht wunderhübsch?" _____

6. „Eins, zwei, drei." _____

7. „Herzlich willkommen! – Damit bist natürlich du gemeint." _____

8. „Jede dieser Kerzen steht für ein Jahr, das wir vergeblich auf einen Gast gewartet haben. Wenn du sie jetzt ausbläst, pustest du all die scheußlichen Jahre weg, und wir werden sie einfach vergessen!" _____

1.	1234	___ ___ ___ ___
2.	32123	___ ___ ___ ___ ___
3.	23	___ ___
4.	8239	___ ___ ___ ___
5.	245	___ ___ ___
6.	1746	___ ___ ___ ___
7.	567	___ ___ ___
8.	5478	___ ___ ___ ___

VIII. Das Fest der Elfen

(Buchseiten 86-103)

Setze die 6 Buchstaben der Wörter ADVENT, BARNEY, LÜGNER, KOENIG so in das große Rechteck ein, dass jeder Buchstabe in jeder Reihe, jeder Spalte und jedem 6er-Rechteck je einmal vorkommt.

ADVENT

	A				E
		D		T	
A				V	
	N	V			D
	V			E	T
		N	V		

LÜGNER

N		Ü	E		
	L				
E					G
L					E
				E	
		R	N		L

BARNEY

R					Y
	E	Y		N	
			E		
B	N				
	R		Y	B	
E		B			A

KOENIG

	G		N		
		O			G
K			O		
		G			I
O					
		K		E	

a) Wer wohnte hinter den Fenstern 7, 8 und 9?

b) Was passierte mit ihm?

c) Wer wohnte hinter den Fenstern 18, 19, 20 und 21?

VIII. Das Fest der Elfen

(Buchseiten 86-103)

Suche dir einen Partner für folgende Aufgabe: Ordnet jeder Person einige der untenstehenden Beschreibungen zu! Die Zahl in der Klammer zeigt dir an, wie viele es pro Person sind. Ergänzt zu jeder Person noch mindestens zwei zusätzliche Eigenschaften bzw. Informationen.

Beschreibungen:

trägt eine lange, rote Jacke / sorgt sich um Julias Gesundheit / goldene Schuhe / bittet Julia, ihr Zimmer nicht abzuschließen / hat eine Perücke mit dunkelroten Locken / bunte Zipfelmütze / verspricht, die Türe unverschlossen zu lassen / unglaublich groß / hat Angst auf der Treppe / hat extra Schnee gefegt / ist dünn wie ein Streichholz / pustet die Kerzen aus / macht sich Sorgen um Geräusche aus dem unteren Stockwerk / fragt Julia, ob sie beim Streichen der Wohnung helfen möchte / schenkt Julia eine kleine, rote Mütze / ist die junge Elfe / ist viel dicker als ihre ältere Verwandte / wohnt mit Melissa zusammen / jung und hässlich / breites Lächeln und sehr sympathisch / Bart / abstehende Ohren / Teetasse in der großen Hand / Heinzelmännchen / ständig müde / ziemlich alt / will König werden / stellt die anderen einander vor / klein, dick und hat Flügel / stumm / strahlt vor Freude wie ein Honigkuchenpferd / wird am nächsten Tag wohl recht sauer sein / sehr stolz und glücklich

Jakobus **(4)**: _____

_____

_____

_____

Julia **(5)**: _____

_____

_____

_____

_____

Melissa **(4)**: _____

_____

_____

_____

VIII. Das Fest der Elfen

(Buchseiten 86-103)

Rosalinde **(3)**: ✏️ _____
_____
_____

Harry **(5)**: _____
_____
_____
_____
_____

Riesig **(4)**: _____
_____
_____
_____

Bert **(5)**: _____
_____
_____
_____
_____

Mama **(3)**: _____
_____
_____

VIII. Das Fest der Elfen

(Buchseiten 86-103)

a) *Bilde aus dem Wörtersalat Sätze mit korrekter Satzstellung.*

b) *Suche einen Partner/eine Partnerin:*
- *lest euch eure Sätze gegenseitig vor und verbessert sie, falls nötig.*
- *Erstelle mit den Sätzen einen Lückentext (ein beliebiges Wort pro Satz darfst du weglassen) für deinen Partner.*
- *Tauscht den Lückentext zum Ausfüllen aus. (Ohne Hilfe der Lösung von Aufgabe a) natürlich)*
- *Korrigiert zum Schluss beide jeweils den Text eures Partners/eurer Partnerin.*

1. unauffällig - will - schleichen - Julia - sich - Nikolausabend - am - den - Kalender - in

2. nichts - darf - merken - Familie - Ihre

3. sehr - schon - ist - aufgeregt - Sie

4. Bissen - sie - Nachtessen - herunter - Daher - keinen - beim - bringt

5. sich - sie - ihr - Zimmer - Danach - zieht - zurück - in

6. Mutter - Julia - sie - sagt - Der - werde - schlafen - gleich - ,

7. ungeduldig - Julia - Jakobus - schon - erwartet

8. schön - sich - gemacht - hat - Er - extra

9. Die - organisiert - Fest - Elfen - für - haben - alles - das

VIII. Das Fest der Elfen

(Buchseiten 86-103)

10. und - Es - Kuchen - Torten - Überfluss - im - gibt

11. Heinzelmännchen - Riese - und - der - Auch - die - Riesig - Julia - erwarten

12. Prinz - mit - Sogar - Partie - Harry - ist - der - von

13. sehr - Alle - dass - sind - glücklich - Kind - einem - Besuch - , - endlich - haben - sie - einmal - wieder - von

14. Julia - dass - Und - ist - alle - überglücklich - so - ihren - über - freuen - sich - Besuch - ,

  Beantworte die folgenden Fragen in vollständigen Sätzen.

a) Wohin müssen Julia und Jakobus, als sie auf der kleinen Plattform vor Jakobus Wohnung stehen?

b) Wieso ernennen die Heinzelmännchen Julia zur Ehrenheinzelfrau?

IX. Nichts als Ärger

(Buchseiten 104-114)

Kannst du die Geheimschrift entziffern? Damit es etwas leichter wird, sind einige Buchstaben schon entschlüsselt. Trage diese zuerst im ganzen Text ein.

Großbuchstaben:

Z _ _ S _ _ _ O _ _ D _ _ _

Kleinbuchstaben:

_ e _ t _ _ _ o _ _ a _ _ _ _

z _ _ l _ c _ _ n m

_____

_____

_____

_____

_____

_____

_____

IX. Nichts als Ärger

(Buchseiten 104-114)

IX. Nichts als Ärger

(Buchseiten 104-114)

  Hier siehst du den entschlüsselten Text aus Aufgabe 1. Es fehlen jedoch einige Wörter. Setze sie alle ein! Wenn du es schwieriger willst, deckst du die fehlenden Begriffe einfach ab.

> für - in - ins - im - an - gegenseitig - am - aufs - in - als - indem - raus - vom - los

Julia sitzt ____ ihrem Tisch und malt, ____ Olli zu ihr ____ Zimmer kommt. Olli will schon wieder alles ganz genau wissen und starrt lange ____ den Kalender. Schließlich versucht Julia ihn abzulenken, _____ sie ihm eine Krokantkugel anbietet. Zuerst scheint ihr Trick zu klappen. Doch dann steigt Olli schon wieder _____ Bett und starrt in den Kalender. Julia schickt ihn _____, doch er will einfach nicht gehen. Sie zerrt ihn ____ Bett, doch Olli wehrt sich. Im Nu liegen die beiden sich _____ kneifend und kratzend ____ Boden. Plötzlich steht die Mutter ____ Zimmer. Sie schimpft, weil die Geschwister schon wieder streiten. Sie schickt Olli ____ sein Zimmer. Als sie mit Julia alleine ist, versucht die Mutter herauszufinden, was bloß _____ ist mit Julia. Doch Julia behält ihr Geheimnis ____ sich.

 *Bildet Gruppen zu 3-4 Personen und diskutiert folgende Fragen:*

a) Was denkt ihr über den Streit zwischen Julia und Olli?
b) Findet ihr, einer der beiden hätte sich anders verhalten sollen?
c) Wen versteht ihr eher oder versteht ihr beide?
d) Kennt ihr solche oder ähnliche Streitereien in eurem Umfeld?
e) Wie findet ihr die Reaktion der Mutter?
f) Hättet ihr an Julias Stelle der Mutter etwas von ihrem Geheimnis erzählt?
g) Kennt ihr das Gefühl, wenn man beleidigt ist und eigentlich schon lange wieder „gut sein" möchte mit den anderen, aber den Schritt alleine einfach nicht schafft?
h) Was könnte in solchen Situationen helfen?
i) Die Mutter sagt: „Ich weiß, dass es manchmal schwer ist mit kleineren Geschwistern. Aber stell dir mal vor, du hättest gar keine. Das wäre doch auch nicht schön, oder?" „Das wäre wunderbar, absolut wunderbar", dachte Julia.
Was denkt ihr über diese beiden Aussagen? Wie ergeht es euch mit euren Geschwistern, wenn ihr welche habt oder damit, dass ihr keine habt?

IX. Nichts als Ärger

(Buchseiten 104-114)

 ④ *Suche dir einen Partner/eine Partnerin für folgende Aufgabe:*
Ordnet die Nummern der Antworten den entsprechenden Fragen zu.

Fragen

a) Welche Überraschung erwartet Julia am Abend in ihrem Zimmer?   Nr. _____

b) Welche Vorsichtsmaßnahme traf Julia in ihrem Zimmer sofort?   Nr. _____

c) Wie reagierte Melissa auf die Erwähnung von Julias Familie?   Nr. _____

d) Was erzählt Melissa über Zimmer 7?   Nr. _____

e) Welche Bitte hat Jakobus an Julia?   Nr. _____

f) Warum muss Melissa bald wieder gehen?   Nr. _____

g) Welche Aussicht tröstet Julia ein wenig, weil sie sich darauf freut?   Nr. _____

Antwortsätze

1. Am 10. Dezember ist Julia bei den Heinzelmännern eingeladen.

2. Melissa hätte sich gefreut, Julias Familie kennen zu lernen.

3. Jakobus lässt Julia bitten, die nächsten 3 Fenster gar nicht zu öffnen.

4. Die dicke Fee Melissa sitzt auf dem Bett und erwartet Julia.

5. Rosalinde erwartet ihre Schwester Melissa zum Nachtessen.

6. Julia stellt einen Stuhl vor die Türe, damit ihre Familie nicht ins Zimmer kommen kann.

7. Rosalinde hat richtig vermutet, dass im Zimmer 7 etwas Unheimliches vor sich geht.

IX. Nichts als Ärger

(Buchseiten 104-114)

Löse das folgende Kreuzworträtsel. Die Buchstaben in den grauen Kästchen ergeben, in die richtige Reihenfolge gebracht, ein Lösungswort.

a) Wohin stellt Julia ihren Nikolausteller, nachdem sich Olli eine Nougatkugel nehmen wollte?

b) Womit lockt Julia Olli vom Kalender weg?

c) Das hilft bei Olli immer.

d) Was wurde Julia von der Mutter weggenommen?

e) Wo erwischte Julia Olli immer häufiger?

f) So fände es Julia, wenn Olli nacht da wäre.

g) Dahin gibt Mama Julia einen Kuss.

h) Das erzählt Mama bestimmt Olli in der Küche, während Julia schmollt.

i) Das befindet sich auf Melissas Flügel.

j) Das hat Julia, als sie endlich einschlief.

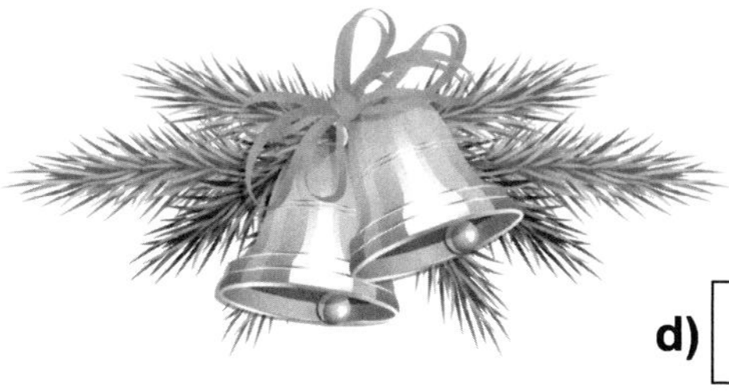

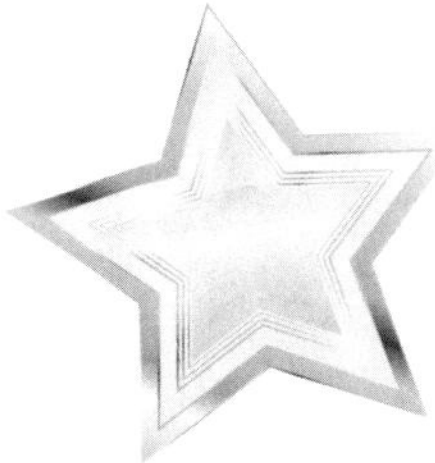

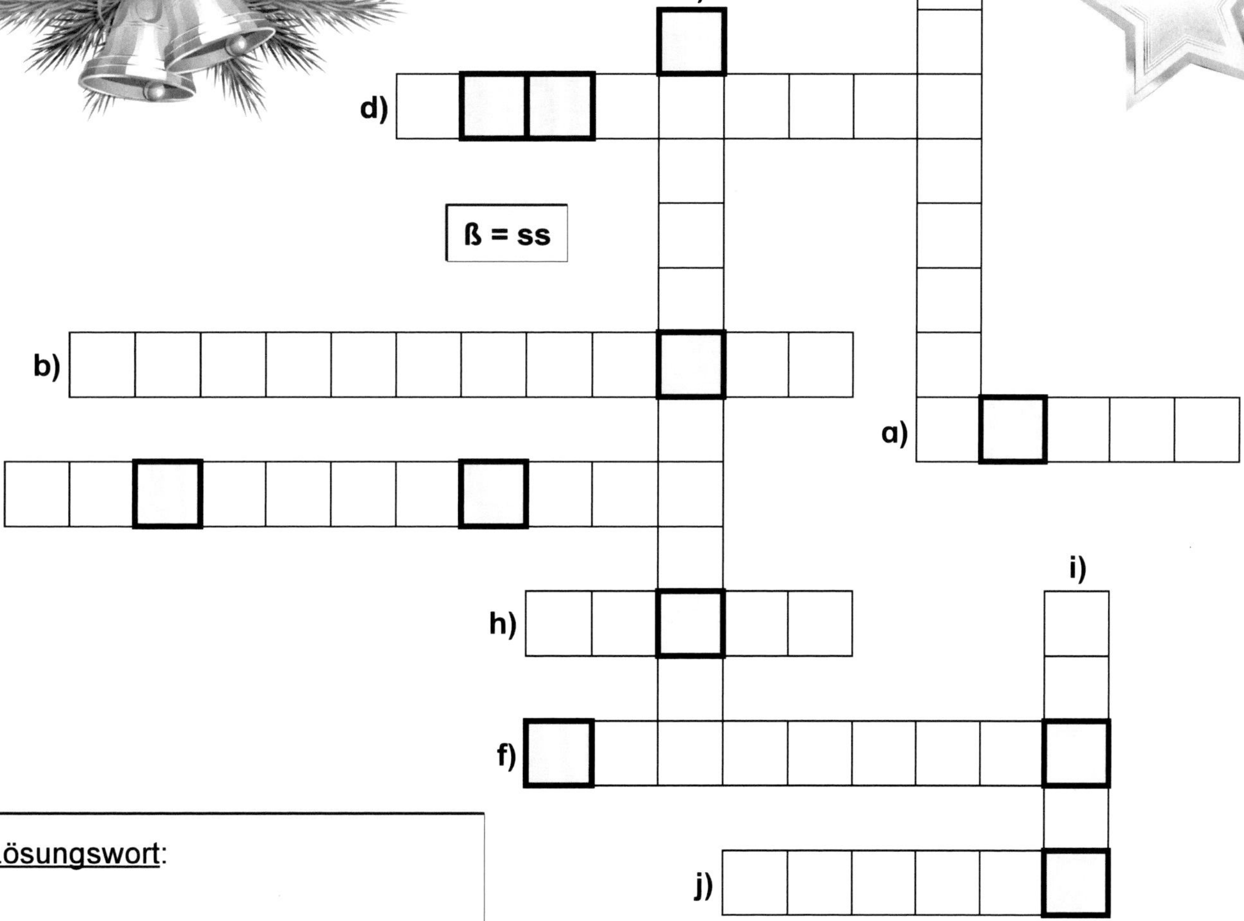

ß = ss

Lösungswort:

X. Der unheimliche Besucher

(Buchseiten 115-124)

1 a) *Suche die folgenden Wörter im Buchstabensalat unten.*

b) *Überlege dir zu jedem Wort ein Gegenteil und trage dieses Gegenteil an die entsprechende Stelle im Kreuzworträtsel auf der nächsten Seite ein.*

BRÜLLEN – FESTHALTEN – HINTER – LIEBEN – OFFEN – SICHTBAR – WENIG – DUMM – FRAGEN – LANDEN – MUT – SCHEUSSLICH – TAPFER – ERSCHEINEN – HASTIG – LEER – NICHTS – SCHLIESSEN – VERZWEIFELT

```
G A T R D T X S N E F F O M E
R I E O A F I T E C A N H M R
V E N P N C E Z S Z X C R U S
L L F E H T S S B S I C E D C
U E D T W L M U T L V D T T H
R F B E N E K N S H Y Z N N E
P A K Y T F T S E L A K I W I
R Q K Q N I U R O G I L H P N
S C H L I E S S E N A E T R E
H J H G H W N E L L Ü R B E N
A L E C V Z N I C H T S F E N
S G S X S R R J U M D B D U N
T K X L R E X E J Y I N S V R
I E J P O V C T C J A X E R H
G P Y T X F T S J L I H O L F
```

Seite 42

X. Der unheimliche Besucher

(Buchseiten 115-124)

Waagerecht:

6. schließen
7. leer
9. offen
12. wenig
13. tapfer
14. lieben
16. hastig
18. erscheinen

Senkrecht:

1. festhalten
2. brüllen
3. scheußlich
4. nichts
5. verzweifelt
7. hinter
8. sichtbar
10. landen
11. dumm
15. Mut
17. fragen

Ö = Ö
Ä = Ä
Ü = Ü

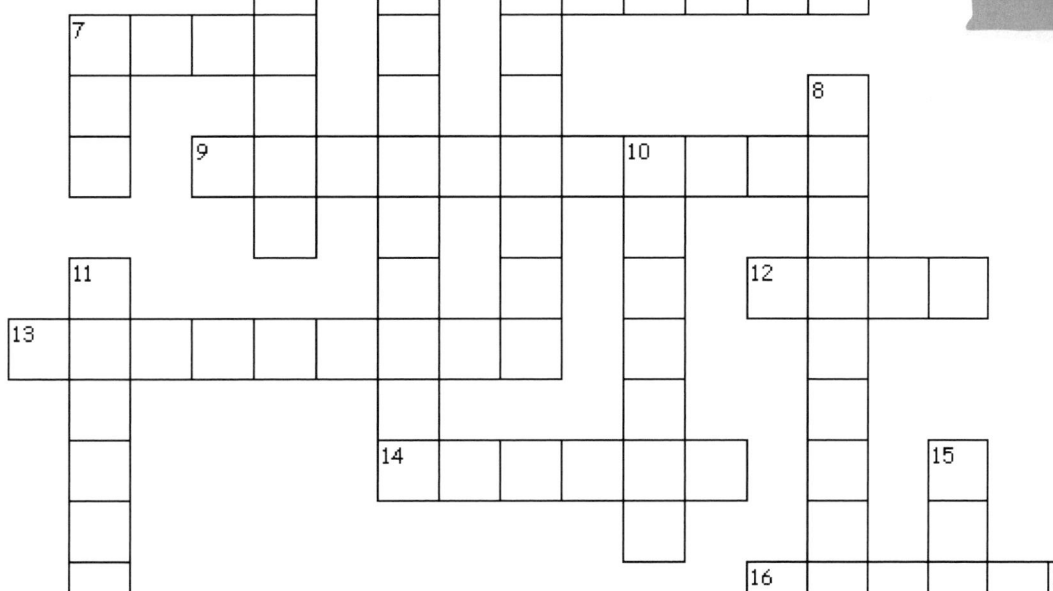

X. Der unheimliche Besucher

(Buchseiten 115-124)

Niemand weiß so genau, wie der Unsichtbare aussieht, aber ihr habt bestimmt eine Vorstellung davon. Und diese Vorstellung braucht ihr für das folgende Zeichnungsspiel:

*Bildet Gruppen zu 4-6 Personen: Jede Person bekommt ein längliches Papier und faltet es so, dass 6 gleich große Teile entstehen. Dann öffnet ihr das Papier wieder. Nun zeichnet jede Person in den obersten der vorgefalteten Abschnitte eine **Kopfbedeckung** für den Unsichtbaren. Dann knickt ihr das Blatt so nach hinten um, dass niemand eure Zeichnung sieht und schiebt es der Person, die rechts neben euch sitzt, zu. Im zweiten Abschnitt malt ihr den **Kopf** des Unsichtbaren, knickt das Blatt wieder um und gebt es weiter. im dritten Abschnitt folgt der **Hals**, im vierten der **Bauch**, im fünften die **Beine** und im sechsten schließlich die **Füße**. Die letzte Person darf das Blatt entfalten, sodass ihr nun die ganzen Figuren, die ihr zusammen gezeichnet habt, bestaunen könnt. Bestimmt sehen sie lustig aus!*

Vorlage für 2 Zeichnungsblätter (eventuell vergrößern und längs halbieren).

X. Der unheimliche Besucher

(Buchseiten 115-124)

Bildet eine Gruppe zu 3-4 Personen und diskutiert folgende Fragen:

a) Welche Gefühle erlebt Julia während ihrer Begegnung mit dem Unsichtbaren?

b) Wie findet ihr Julias Verhalten gegenüber dem Unsichtbaren? Eher mutig und bewundernswert oder eher unvorsichtig und gefährlich?

c) Könnt ihr verstehen, dass Julia zum Schluss sehr stolz ist?

d) Konntet ihr euch auch schon einmal aus einer schwierigen Situation befreien, indem ihr euch mutig gewehrt habt?

e) Was findet ihr zum Thema „Wehren": Darf man sich immer wehren? Oder gibt es Situationen, in denen man sich besser nicht wehrt? Ist beim „Wehren" alles erlaubt oder gibt es da auch Dinge, die nicht gehen?

f) Denkt ihr, der Unsichtbare hat nun seine Lektion gelernt und wird sich zurückziehen? Oder glaubt ihr, er plant eine Rache?

g) Wie schätzt ihr Harrys Sorglosigkeit ein? Denkt ihr, er ist in Gefahr, ohne es zu merken? Oder findet ihr seine fröhliche Furchtlosigkeit mutig und richtig?

a) *In wessen Namen soll Julia vom Unsichtbaren gewarnt werden?*

_____

b) *Was fordert der Unsichtbare von Julia?*

_____

_____

c) *Was soll der Unsichtbare Leo, dem Lügner, sagen?*

_____

_____

_____

XI. Die Entführung

(Buchseiten 125-138)

  Beantworte die folgenden Fragen – es geht immer um 4 Dinge.

a) Welche vier Spiele spielte Julia mit den Heinzelmännern?

_____

b) Nenne die vier Namen der Heinzelmänner.

_____

c) Welche vier Sonntags-Beschäftigungen macht Julia mit ihrer Familie?

_____

_____

d) Nenne vier Adjektive (Eigenschaftswörter), die zu dem Unsichtbaren passen.

_____

e) Nenne vier Adjektive (Eigenschaftswörter), die zu den Heinzelmännern passen.

_____

a) Welche Gefühle hat Julia, bevor sie das 10. Kalenderfenster öffnet?

_____

_____

b) Wie sagen die Heinzelmänner Julia, dass sie um 8 Uhr kommen soll?

_____

XI. Die Entführung

(Buchseiten 125-138)

Suche dir einen Partner/eine Partnerin für die folgenden Aufgaben:

a) *Entschlüsselt die Schüttelwörter.*

b) *Setzt die gefundenen Wörter in den Lückentext ein.*

c) *Partnerdiktat – diktiert euch gegenseitig.*

NIZEELHMÄRNNE ⬜⬜⬜⬜⬜⬜⬜⬜⬜⬜⬜⬜
                                   6

RIEGENU ⬜⬜⬜⬜⬜⬜
               10

RYHAR ⬜⬜⬜⬜⬜

GENVRÜTENG ⬜⬜⬜⬜⬜⬜⬜⬜⬜⬜
              5

SERVÖHGNUN ⬜⬜⬜⬜⬜⬜⬜⬜⬜⬜

LÜRENG ⬜⬜⬜⬜⬜⬜

TEAHUSNIRBC ⬜⬜⬜⬜⬜⬜⬜⬜⬜⬜⬜
    2

NEGNANEEFG ⬜⬜⬜⬜⬜⬜⬜⬜⬜⬜
       4

LINALWEEGT ⬜⬜⬜⬜⬜⬜⬜⬜⬜⬜

MÜZET ⬜⬜⬜⬜⬜
    3

PERTEP ⬜⬜⬜⬜⬜⬜
 7

FATNUSLIK ⬜⬜⬜⬜⬜⬜⬜⬜⬜
        8

NIOK ⬜⬜⬜⬜
  9

REAHCSNTHC ⬜⬜⬜⬜⬜⬜⬜⬜⬜⬜
         1

Lösungswort: ⬜⬜⬜⬜⬜⬜⬜⬜⬜⬜
               1 2 3 4 5 6 7 8 9 10

XI. Die Entführung

(Buchseiten 125-138)

Lückentext

1. Julia hatte ein wenig Angst, das 10. Fenster zu öffnen, aber schließlich siegte ihre _____.

2. Als sie gegen Abend auf dem Bett lag und sich _____, kam ihre Mutter mit Olli ins Zimmer.

3. Die Mutter wünschte sich eine _____ zwischen ihren beiden Kindern.

4. Im Kalender sah Julia die _____, die _____ in ihren Betten lagen und schliefen.

5. Später gingen die Eltern ins _____ und Olli musste ins Bett gehen.

6. Julia war froh, als sie vor Ollis Türe hörte, wie er im Schlaf _____.

7. Julia setzte sich ihre rote _____ auf und verschwand im Kalender.

8. Die Heinzelmänner und Julia _____ sich beim Spielen.

9. Plötzlich hörten sie Schritte auf der _____.

10. Sie sahen schwarze Gestalten, die einen _____ in ein Auto schoben.

11. Bob war überzeugt, dass _____ der Gefangene war.

12. Alle dachten, dass Leo, der _____ hinter der Sache steckte.

13. Plötzlich erkannten die fünf, dass der _____ im Raum sein musste.

Lest euch den vollständigen Text gegenseitig vor! Dann diktiert ihr ihn euch als Partnerdiktat: <u>Person A</u> liest die ersten 6 Sätze, während <u>Person B</u> schreibt. Für die Sätze 8 bis 13 tauscht ihr die Rollen. Am Schluss korrigiert ihr die Sätze eures Partners.

XI. Die Entführung

(Buchseiten 125-138)

Suche dir einen Partner/eine Partnerin für folgende Aufgabe:

Lest die folgenden Angaben genau durch, damit ihr herausfindet, welcher der Heinzelmänner in welchem Bett liegt, welche Farbe seine Mütze hat, welche Größe seine Schuhe haben und wie viele Knöpfe seine Jacke aufweist!

Beachtet dabei, dass die Angaben nicht unbedingt mit denjenigen auf dem Bild auf Buchseite 126 übereinstimmen müssen!

Namen: Bill, Barney, Bert, Bob
Mützenfarbe: rot, grün schwarz, gelb
Schuhgröße: 21, 22, 23, 24
Knöpfe an der Jacke: 1, 2, 3, 4

Name	Name	Name	Name
Mütze	Mütze	Mütze	Mütze
Schuhe	Schuhe	Schuhe	Schuhe
Jacke	Jacke	Jacke	Jacke

1. Bill liegt nicht am Rand.
2. Bob liegt direkt rechts neben Barney.
3. Bert liegt ganz links.
4. Berts Füße sind größer als die von Bob.
5. Bobs Füße sind nicht die kleinsten.
6. Barneys Füße sind die größten.
7. Bills Mütze ist weder grün noch gelb.
8. Bob liegt neben dem Heinzelmann mit der roten Mütze.
9. Der Besitzer der gelben Mütze liegt weiter rechts als der mit der grünen.
10. Der Besitzer der schwarzen Mütze hat einen Namen mit 4 Buchstaben.
11. Bob hat eine ungerade Anzahl an Knöpfen an seiner Jacke.
12. Sowohl Barney als auch Bill haben mehr Knöpfe als Bob.
13. Bert hat mehr Knöpfe als Barney, aber weniger als Bill.

XI. Die Entführung

(Buchseiten 125-138)

a) *Bilde aus den unten aufgeführten Silben 12 Wörter*

b) *Beschreibe mit Hilfe der 12 Wörter, was im Zusammenhang mit der Entführung alles passiert ist und welche Pläne Leo hat. Schreibe etwa 10 Sätze unten auf.*

```
gen - ten - pe - nung - fen - chen - Feig - Scho - Un - Kö - ein
- Ge - Wa - sper - Wen - Ge - Woh - ko - um - ling - häu - wor -
del - ge - La - stal - nig - ser - ba - schirr - trep - re - sicht - ren
```

XII. Das verlorene Geheimnis

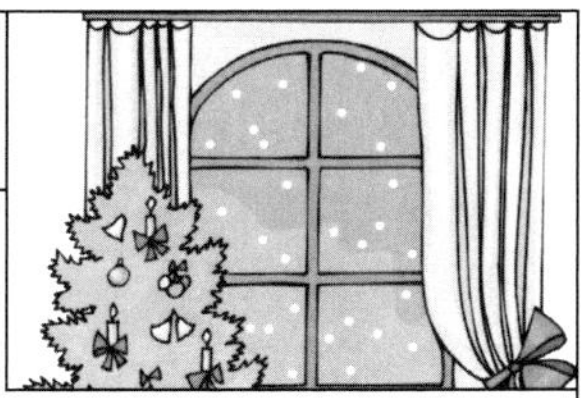

(Buchseiten 139-145)

EA

1 *Riesig hat vor vielen Jahren mitgeholfen, die Schokoladenburg zu bauen. Daher kann er sich erinnern, wo sich das Gefängnis in der großen Burganlage befindet. Findest du den Weg zum Gefängnis in der Mitte ebenfalls?*

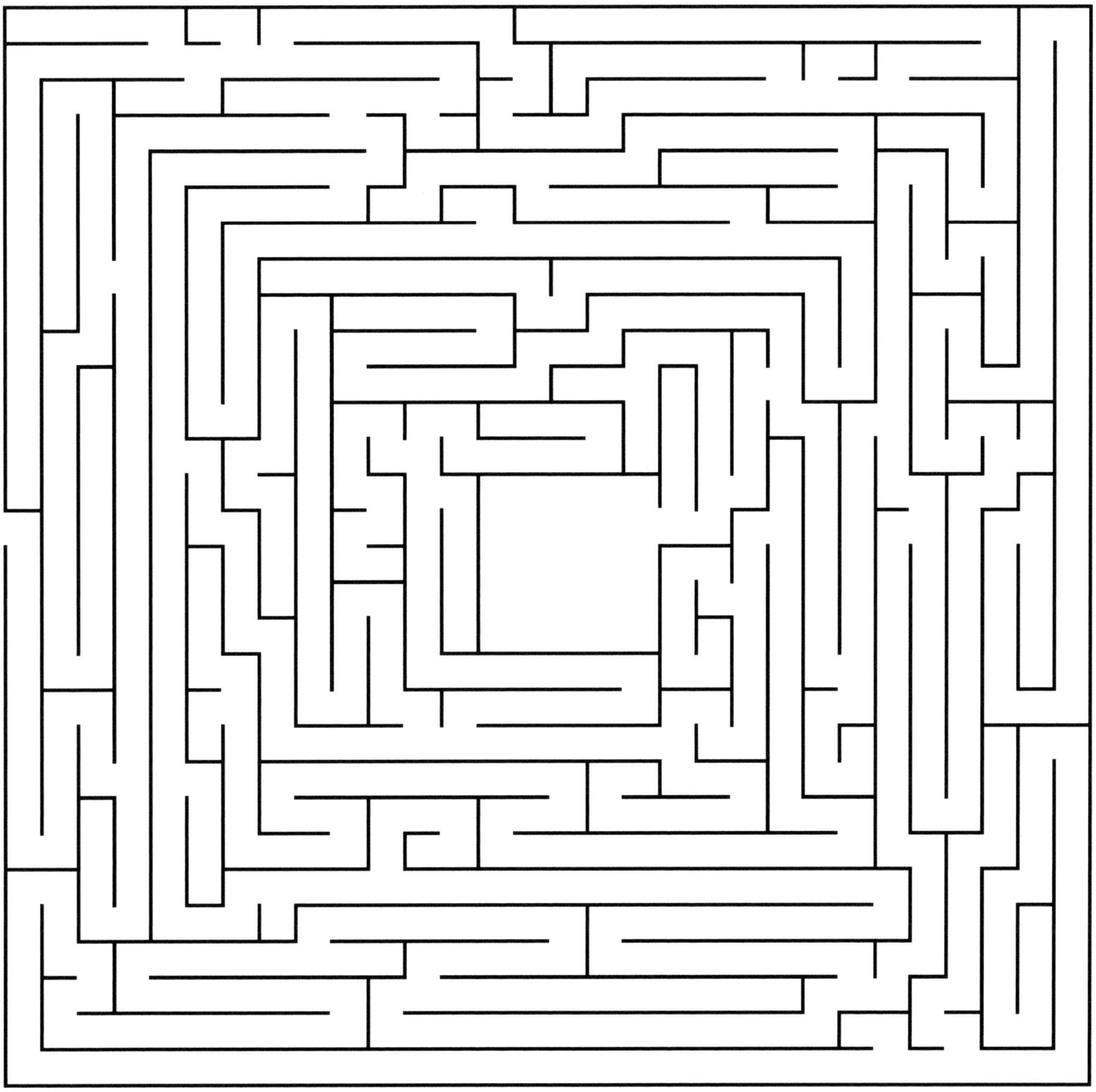

Literaturseiten zur Lektüre „Hinter verzauberten Fenstern" – Bestell-Nr. 14 186
KOHL VERLAG

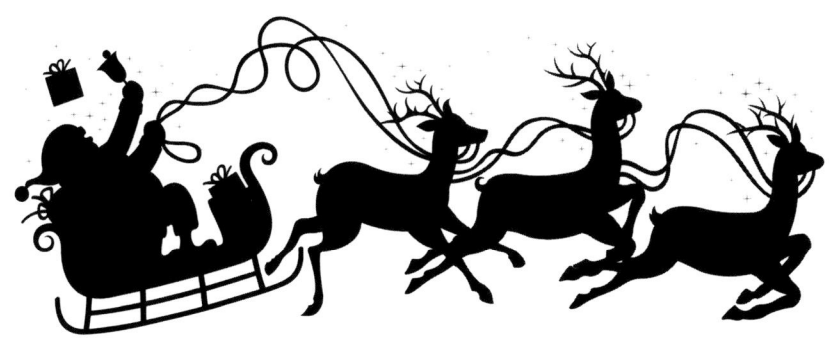

XII. Das verlorene Geheimnis

(Buchseiten 139-145)

  Im folgenden Text fehlen viele Buchstaben. Setze sie alle ein und notiere sie unten in der richtigen Reihenfolge: dann ergibt sich ein Lösungssatz. Du musst dabei selber entscheiden, welche Worte gross geschrieben werden müssen und welche klein.

__ulia begibt sich z__ den E__fen zu e__ner geheimen Sitzung, an der __lle Bewo__ner des K__lenders __eilnehmen. Sie wollen am nächs__en Tag all__ zur Schokoladenburg gehen, u__ Pr__nz Harry zu befreien. Riesig kenn__ die Burg , so__ass er d__n anderen den Weg zeigen __ann. Sie beschließen __l__e früh zu B__tt zu gehe__, __amit si__ am nächsten Tag ausge__uht __ind. Als__ geht auch Julia bra__ zurück __n ihr Zimm__r. Dort entdeckt sie zu ihrem Schrecken O__li, der im Morgenmantel auf ihrem Teppich __itzt und grinst. Er erklärt Julia, dass er sie im Kalender gese__en habe. Julia ist emp__rt, dass Olli ihr Geheim__is geknackt hat und schimpft ihn __inen __pion. Er m__ss Julia versreche__, dass er __en Eltern __ __f keinen __all etwas von dem Geheimnis e__zählt. Olli v__rspricht dies allerdin__s nur unt__r der Bedi__gung, __ass Julia ihn am nächst__n Tag mit zur __chokoladenburg nimmt. Julia würd__ alles d__um geben, wenn sie O__li nicht mitn__hmen müsst__, aber sie weiß, dass sie kei__e andere Chance hat, wenn sie nicht will, __ass er das Geheimnis den Eltern verrät. W__tend gibt sie nach und ve__spricht Olli, ihn mitzunehmen. Auf keinen __all will sie sich all__rdings um ihn kümmer__.

Lösungssatz:

_ _ _ _ _ _ _ _ _ _ _ _ _ _ _ m _ _ _ _ _ _ _ _

_ _ _ _ _ _ _ _ c _ _ _ _ _ _ _ _

_ _ _ _ _ _ _ _ _ _ _ _ _ _ b _ _ _ _ _ _ _ _ .

XII. Das verlorene Geheimnis

(Buchseiten 139-145)

Hier hast du den vollständigen Text aus Aufgabe 2 (Seite 52).

a) *Unterstreiche im Text alle Verben*

b) *Unter dem Kreuzworträtsel findest du alle Verben aus dem Text (gleiche Verben nur einmal); setze sie im Infinitiv (Grundform) ins Kreuzworträtsel ein.*

Julia begibt sich zu den Elfen zu einer geheimen Sitzung, an der alle Bewohner des Kalenders teilnehmen. Sie wollen am nächsten Tag alle zur Schokoladenburg gehen, um Prinz Harry zu befreien. Riesig kennt die Burg, sodass er den anderen den Weg zeigen kann. Sie beschließen alle früh zu Bett zu gehen, damit sie am nächsten Tag ausgeruht sind. Also geht auch Julia brav zurück in ihr Zimmer. Dort entdeckt sie zu ihrem Schrecken Olli, der im Morgenmantel auf ihrem Teppich sitzt und grinst. Er erklärt Julia, dass er sie im Kalender gesehen habe. Julia ist empört, dass Olli ihr Geheimnis geknackt hat, und schimpft ihn einen Spion. Er muss Julia versprechen, dass er den Eltern auf keinen Fall etwas von dem Geheimnis erzählt. Olli verspricht dies allerdings nur unter der Bedingung, dass Julia ihn am nächsten Tag mit zur Schokoladenburg nimmt. Julia würde alles drum geben, wenn sie Olli nicht mitnehmen müsste, aber sie weiß, dass sie keine andere Chance hat, wenn sie nicht will, dass er das Geheimnis den Eltern verrät. Wütend gibt sie nach und verspricht Olli, ihn mitzunehmen. Auf keinen Fall will sie sich allerdings um ihn kümmern.

XII. Das verlorene Geheimnis

(Buchseiten 139-145)

Waagerecht:

3. grinst
6. erzählt
7. geknackt
8. beschließen
10. geht zurück
11. wollen
13. hat
15. erklärt
19. begibt
22. entdeckt
23. muss
25. gesehen
26. befreien

Senkrecht:

1. weiß
2. sind
4. versprechen
5. teilnehmen
7. kann
9. verrät
12. würde
14. zeigen
16. kümmern
17. kennt
18. mitnimmt
20. gehen
21. geben
24. sitzt
25. schimpft

ß = SS

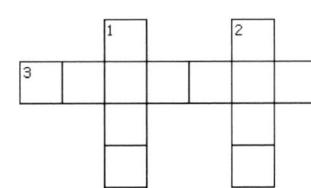

XIII. Der Aufbruch

(Buchseiten 146-154)

a) *Hier findest du zu allen Personen und Figuren, die in diesem Kapitel vorkommen, einen Satz. Ergänze bei jedem Satz die Person, auf die er sich bezieht.*

b) *Schreibe zusätzlich zu jeder Figur einen passenden Satz unten auf.*

---

1. Er trägt heute eine dunkelblaue Perücke. _____

2. Er ist genauso groß wie die Heinzelmänner. _____

3. Sie hat beim Verlassen des Hauses ein wenig ein schlechtes Gewissen. _____

4. Sie hat soeben die Heinzelmänner aus dem Bett geschmissen. _____

5. Sie haben schon wieder verschlafen. _____, _____, _____, _____

6. Sie fliegt mit ihrer Schwester Melissa lieber zur Burg. _____

7. Er nimmt Julia im Auto auf den Schoß. _____

8. Sie meint, die Kinder seien später bei der Oma. _____

Seite 55

XIII.   Der Aufbruch

(Buchseiten 146-154)

  Überlege dir bei jedem Satz, ob er richtig oder falsch ist. Mit den Buchstaben der richtigen Sätze ergibt sich ein Lösungswort.

Richtig Falsch

Nr.	Buchstabe	Satz
1.	G	Olli hat seiner Oma versprochen, sie heute zu besuchen.
2.	B	Julia ist erstaunt, wie clever ihr Bruder manchmal ist.
3.	L	Im Kalender freuen sich alle sehr über Ollis Besuch.
4.	E	Julia und Olli kommen durch das erste Fenster in den Kalender.
5.	R	Riesig ist genau halb so gross wie Jakobus.
6.	U	Jakobus hat einen Korb bei sich.
7.	M	Olli sitzt im Wagen bei den Heinzelmännern.
8.	E	Rosalinde ist begeistert über die Geschwister.
9.	I	Die Heinzelmänner waren am Morgen die Ersten.
10.	N	Riesig sitzt auf dem zweiten Sitz.
11.	P	Das Spezialauto fährt recht schnell.
12.	R	Draußen liegt immer noch Schnee.
13.	U	Olli ist sehr frech zu allen.
14.	A	Olli hat keine Angst, obschon es gefährlich werden könnte.
15.	H	Im Auto gibt es 6 Sitze.
16.	C	Ollis Augen werden rund wie Tennisbälle.
17.	H	In der Garage gibt es viele duftende Blumen.
18.	I	Die Heinzelmänner steuern das Auto.
19.	T	Melissa und Rosalinde flattern voraus.

Lösungswort: ___ ___ ___ ___ ___ ___ ___ ___ ___ ___ ___

XIV. Die Schokoladenburg

(Buchseiten 155-167)

  In diesem Kapitel besuchen die Kinder die Schokoladenburg. Wie würde die Burg deiner Träume aussehen? Beschreibe sie mit mindestens 10 Sätzen ganz genau und male ein Bild davon.

a) *Warum maulen die Heinzelmänner, als Jakobus anhält und alle aussteigen lässt?*

b) *Was holt Jakobus aus seinem Korb?*

XIV. Die Schokoladenburg

(Buchseiten 155-167)

Suche dir einen Partner/eine Partnerin für folgende Aufgabe: Hier findet ihr Antworten auf Fragen, die ihr nicht seht. Überlegt euch, wie die Fragen lauten müssten und schreibt sie vor die entsprechenden Antworten. Vergleicht eure Fragen nachher mit anderen Gruppen.

1. _____

    Sie gehört Fürst Leopold.

2. _____

    Sie liegt am Rand eines Gebirges.

3. _____

    Sie maulten, weil sie nicht zu Fuss weiter gehen wollten.

4. _____

    Julia war eifersüchtig, weil Olli sich mit den Heinzelmännern so gut verstand.

5. _____

    Er holte ein paar kleine Dosen, einen Pinsel und einige andere Dinge.

6. _____

    Julia war mit Riesig unterwegs in der Burg.

7. _____

    Sie pinselten ihre Flüssigkeit zwischen die Torflügel.

8. _____

    Sie bepinselten das Tor mit Zuckerguss, damit es nicht mehr zu öffnen war.

9. _____

    Ganz oben am Turm erkannte Julia ein kleines, vergittertes Fenster.

10. _____

    In den Tüten der Elfen befand sich weißes Niespulver.

11. _____

    Julia bewarf den Fürsten Leo mit Schneebällen.

12. _____

    Harry sprang aus dem Fenster und wurde unten von Riesig aufgefangen.

13. _____

    Die Elfen packten den zappelnden Leo und flogen mit ihm Richtung Königspalast.

XIV. Die Schokoladenburg

(Buchseiten 155-167)

a) *In diesem Kapitel hatten alle spezielle Aufgaben. Ordne die einzelnen Aufgaben den verschiedenen Personen zu.*

b) *Überlege dir, welche der Aufgaben du am liebsten übernommen hättest, und begründe deine Wahl mit einigen Sätzen in deinem Heft.*

Jakobus: _____

Julia: _____
_____

Olli: _____

Heinzelmänner: _____

Riesig: _____
_____

Harry: _____

Rosalinde: _____
_____

Melissa: _____
_____

Aufgaben:

organisiert alles - bepinseln die Tore mit Zuckerguss - fliegt mit Leopold im Schlepptau zum Königspalast (2x) - sitzt auf Riesigs Schulter - befreit Harry aus seinem Gefängnis (2x) - springt aus dem Fenster des Gefängnisses - bewirft den Unsichtbaren mit blauer Farbe - streut Niespulver gegen die Wachen und gegen Leo - hat alles Material in seinem Korb verstaut - unterstützt die Heinzelmänner bei ihrer Arbeit - musste sich zwischen den Felsen verstecken - reißt mit dem Seil die Gitterstäbe des Fensters entzwei - fängt Harry unten im Schnee auf - bewirft Leo mit Schneebällen

XV. König Harry, der Hässliche

(Buchseiten 168-178)

  Ordne jedem Zitat die richtige Person zu und schreibe ihren Namen vor das Zitat!

Personen: Harry, Rosalinde, Melissa, Heinzelmänner, Leo, Julia, Olli, Jakobus, König

a) _____ Wo sind denn die ganzen Leute hin?

b) _____ Der Bursche ist wirklich furchtbar schwer.

c) _____ Was ist denn hier los?

d) _____ Und das Mädchen da kenne ich doch auch!

e) _____ Sind Sie ein echter König?

f) _____ Das hast du doch wohl nicht auch schon vergessen?

g) _____ Die Krönung sollte am nächsten Sonntag stattfinden.

h) _____ Davon habe ich endgültig die Nase voll.

i) _____ Nur, wenn ich nicht in diesem Palast wohnen muss.

j) _____ Da ist sie doch, Herr König! Da, unter Ihrem Thron.

k) _____ Du bist ein schlauer, kleiner Bursche.

l) _____ Da hast du sie. Viel Spaß damit.

m) _____ Sie wollen dich bestimmt!

n) _____ Ja, bestimmt!

o) _____ Du wärst sowieso ein miserabler König geworden.

p) _____ Er muss die verfallenen Kalenderhäuser reparieren.

q) _____ Blöde Bälger

r) _____ Danke schön, Harry, das ist eine sehr große Ehre.

s) _____ … dass Jakobus Jammernich mein Berater wird.

t) _____ Wir auch!

u) _____ Und was machen wir mit Leo?

v) _____ Den bringt Riesig schon einmal in eines der alten Häuser.

w) _____ König Harry, der Hässliche. Wie findet ihr das?

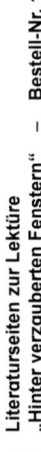

XV. König Harry, der Hässliche

(Buchseiten 168-178)

  Suche dir einen Partner für folgenden Aufgabe: Im folgenden Text haben sich 20 Fehler eingeschlichen. Sie können sowohl inhaltlich als auch grammatikalisch oder orthographisch (Schreibweise) sein. Unterstreicht alle Fehler mit einem Lineal und schreibt das korrekte Wort unten hin.

Riesig liegte Leo, dem Hässlichen, seine große Hand auf der Kopf. Der warf seinen Entführern einen freundlichen Blick zu und ging dann auf wackligen Beinen auf dem Riesen her. Die Gänge und Treppen und Säle des Palastes waren rappelvoll, und vor der großen Tür zum Gefängnis stand kein diker, kleiner Türsteher, um ihnen zu öffnen. Harry sties die Thür auf. Die grosse Saal lag still und leer da. Nur ganz hinten auf der Tronsessel saß eine zusammengesunkene Gestalt und kicherte leise vor sich hinauf.

Hinter ihm her kamen Jackobus und Julia, Rosalinde und Melissa - wie immer zu Fuss -, Bill, Bob, Barney, Bert und Olli und ganz am ende Riesig mit sienem verstopften Gefangenen.

XV. König Harry, der Hässliche

(Buchseiten 168-178)

Die Sätze aus Aufgabe 1 (Seite 60) hängen vorne an der Tafel. Schreibe nun ein Wanderdiktat. Regel: Geschrieben wird nur sitzend auf dem eigenen Stuhl! Also entweder hast du ein gutes Gedächtnis oder du hast schnelle Füße ...

Vorlage Wanderdiktat

Riesig legte Leo, dem Lügner, seine große Hand auf den Kopf. Der warf seinen Entführern einen giftigen Blick zu und ging dann auf wackligen Beinen neben dem Riesen her. Die Gänge und Treppen und Säle des Palastes waren menschenleer, und vor der großen Tür zum Thronsaal stand kein dicker, kleiner Türsteher, um ihnen zu öffnen. Harry stieß die Tür auf. Der große Saal lag still und leer da. Nur ganz hinten auf dem Thronsessel saß eine zusammengesunkene Gestalt und schluchzte leise vor sich hin.

Hinter ihm her kamen Jakobus und Julia, Rosalinde und Melissa – ausnahmsweise zu Fuß –, Bill, Bob, Barney, Bert und Olli und ganz am Ende Riesig mit seinem verschnupften Gefangenen.

a) *In welcher Stimmung befindet sich der König, als die Retter mit Harry und Leo im Palast erscheinen?*

_____

_____

b) *Welche besondere Eigenschaft hat der König?*

_____

XVI. Die Rückkehr

(Buchseiten 179-181)

   *Bildet Gruppen zu 3-4 Personen und diskutiert folgende Fragen:*

- **a)** Wie gefällt euch der Schluss?
- **b)** Hättet ihr den Eltern euer Geheimnis zum Schluss auch gerne verraten?
- **c)** Wärt ihr vielleicht fast etwas stolz, mit der ganzen Familie zum Krönungsfest zu gehen und den Eltern all die neuen Bekannten in der wundervollen Kalenderwelt vorzustellen?
- **d)** Wie hat euch die Geschichte insgesamt gefallen? Was mochtet ihr besonders? Was weniger?

    Überlege dir, welches dein Lieblingskapitel war: Lies es noch einmal aufmerksam durch und schreibe nachher eine kurze Zusammenfassung dazu in dein Heft (12-15 Sätze). Wenn ihr die Kapitel gut aufteilt in der Klasse, habt ihr am Schluss die ganze Geschichte zusammengefasst.

    Nun haben wir so viel über Adventskalender gehört und gelesen. Hier noch eine Idee für einen eigenen Adventskalender zum Verschenken oder für die Klasse:

Ihr nehmt 24 Stück Papier in Postkartengröße oder tatsächlich Postkarten (es dürfen auch alte sein) und faltet wie unten beschrieben 24 kleine Häuser. Wenn ihr sie nur auf einer Seite zuklebt und sie auf der anderen Seite mit einer Büroklammer anheftet, könnt ihr in jedem Haus eine kleine Überraschung verstecken: eine kleine Süßigkeit, einen Radiergummi, ein nettes Briefchen, einen lieben Wunsch, einen Witz ... Ihr habt vielleicht noch viel mehr Ideen ... . Sammelt sie in der Klasse und dann steht eurem selbst gemachten Adventskalender nichts mehr im Wege ...

D	E	F	D
A			A
B			B
C	E	F	C

- Falls ihr normales Papier verwendet, könnt ihr es vor dem Falten bemalen
- Falte die Postkarte wie gezeichnet entlang allen Linien!
- Schneide auf beiden Schmalseiten je 3x ein und zwar zwischen D-A, A-B und B-C.
- Knicke die beiden A und die beiden B nach hinten
- Falte die Postkarte längs entlang der Mittellinie.
- Lege die Seiten D und C rechts und links jeweils aufeinander.
- Klebe die Seiten D und C auf einer Seite aufeinander, steck sie auf der anderen Seite mit einer Büroklammer fest.

XVI. Die Rückkehr

(Buchseiten 179-181)

  Hier findest du die Titel aller 16 Kapitel durcheinandergeschüttelt.

a) Entschlüssele die vollständigen Titel.

b) Nummeriere die Kapitel in der richtigen Reihenfolge von 1-16.

___	onV rryHa med nichsäHesl dun oeL med regüLn
___	kusaboJ nacheimmrJ
___	saD trese seeFtnr
___	eiD kückerRh
___	erD micheluhnei scheuBer
___	niE leuchtenibaerer fugAuls
___	reD achself leerdanK
___	erD echsenwunderv taMlen
___	reD tale göKin
___	saD steF red fEeln
___	eiD gEnftuhrün
___	stiNch sal rergÄ
___	saD leerenorv seinmeGih
___	Die bauergonkolchSd
___	Der furchbuA
___	öginK yrraH red schläHsei

XVII. Die Lösungen

Kapitel 1: 1. Julia ... ... findet ihren Kalender richtig blöd.
... fühlt sich alleine, ist verärgert und enttäuscht.
... geht schlecht gelaunt in ihr Zimmer.
... hätte lieber den anderen Kalender gehabt.
... ist die Schwester von Olli.
... ist neun Jahre alt.
... ärgert sich über ihren Bruder.
... wartet auf der Fensterbank auf ihre Mutter.

Olli ... ... bekommt den Schokoladenkalender.
... bettelt so lange, bis die Mutter nachgibt.
... fürchtet sich im Dunkeln.
... ist jünger als Julia.
... ist sehr zufrieden mit seinem Kalender.

Die Mutter ... hängt Ollis Kalender auf.
... ist beim Einkaufen.
... kommt schlecht gelaunt vom Einkauf zurück.
... schickt Julia in ihr Zimmer.
... sucht vergeblich ihren Schlüssel.
... versucht Julia erst zu trösten.
... wollte Julia eine Freude machen.

Der Vater ... ... hat sich schlafen gelegt.
... tritt nicht in Erscheinung.
... war vorher bei der Arbeit.

5. a) stapfen - (für) - mit schwerem Schritt gehen;   b) eine Ewigkeit - (uns) sehr lange;
c) sich fürchten - (auf) - Angst haben;   d) gruselig - (Uhr) - unheimlich;   e) wortlos - (um) - schweigend;
f) grinsen - (im) - breit lachen;   g) meisterhaft - (mit) - genial;   h) absolut nichts - (zu) - überhaupt nichts;
i) empört - (du) - sehr wütend;   j) finster - (aus) - dunkel;   k) zerdeppern - (ich) - zerschlagen;
l) Pappe - (es) - Karton;   m) krabbeln - (wie) - kriechen;   n) Gestalt - (Mut) - Figur;
o) alles nach der Reihe - (ihm) - eines nach dem anderen;   p) verzweifelt - (ihr) - unglücklich;
q) um den Finger wickeln - (Zoo) - einschmeicheln;   r) herrlich - (wir) - wunderbar;
s) klitzeklein - (Ast) - winzig;   t) kneifen - (Ei) - zwicken;   u) Becher - (Rad) - Tasse;
v) sich abkühlen - (das) - sich beruhigen

Kapitel 2: 1. <u>Richtige Sätze:</u> a), d), e), g), j), m), r), t), u)   **Lösungswort: Dachboden**
<u>Falsche Sätze:</u> b), c), f), h), i), k), l), n), o), p), q), s)   **Lösungswort: Rumpelkammer**

2. <u>Von oben nach unten:</u> SCHWaRZ, WUNDERSCHÖN, INTERESSaNT, BELEIDIGT, GROSS, LaUT, HELLBLaU, GROSSZÜGIG, WÜTEND, NEUGIERIG, SCHNELL, LEISE, MISSTRaUISCH, NERVÖS, DUNKEL, LaNGWEILIG, GEHEIMNISVOLL, MÜDE, ROT, SCHMaL, aUFGEREGT
Lösungssatz: Super! Ob du wohl auch alle Wörter verstehst?

3. a) 1. Julia blieb in ihrem Zimmer: sie fühlte sich wütend und beleidigt.
2. Als der Vater Julia holen wollte, antwortete sie laut: „Ich will aber nicht!"
3. Olli bot ihr großzügig ein Stück Schokolade an.
4. Als alle schliefen, zog Julia ihren hellblauen Morgenmantel an.
5. Eigentlich hätte sie lieber einen roten gehabt.
6. Sie schlich leise hinunter, durch den schmalen Flur in die Küche.
7. In der Küche war es ganz dunkel.
8. Auch draußen sah man die Bäume nur als schwarze Umrisse.
9. Wieder in ihrem Zimmer, kroch Julia schnell unter die Bettdecke.
10. Ein wenig aufgeregt (nervös) war sie nun doch und etwas neugierig auf den Kalender.
11. Misstrauisch betrachtete sie den Kalender.
12. Er war groß, viel größer als der von Olli.
13. Nervös (aufgeregt) versuchte sie mit dem Fingernagel das erste Fenster zu öffnen.
14. Enttäuscht schaute sie das Bild der Rumpelkammer an; sie hatte es gewusst: dieser Kalender war einfach langweilig und blöd, kein bisschen interessant.
15. Sie stellte den Kalender neben ihr Bett und schaute noch einmal das Haus darauf an: irgendwie sah es traurig und geheimnisvoll aus.
16. Gegen ihren Willen musste Julia zugeben: der Kalender war zwar langweilig, aber er glitzerte wunderschön.
17. Nun war Julia endlich so müde, dass sie einschlafen konnte.

4. Individuelle Lösungen.

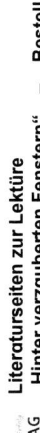

XVII. Die Lösungen

Kapitel 3:

1. Zusammengehörende Paare: 1 - b); 2 - g); 3 - f); 4 - h); 5 - c); 6 - a); 7 - e); 8 - d)

1. Wie empfangen die Eltern Julia am nächsten Tag beim Frühstück?
b) Sie fragen, ob Julia sich besser fühlt und hoffen, dass sie sich nicht mehr im Zimmer einschließen wird.
2. Was machen Julia, Olli und die Mutter nach dem Frühstück?
g) Sie gehen in Julias Zimmer, hängen den Kalender auf und öffnen das erste Fenster.
3. Wie reagieren Olli und die Mutter auf das Bild der Rumpelkammer?
f) Sie finden das Bild auch ziemlich langweilig und enttäuschend.
4. Was fällt Julia auf, als sie die Rumpelkammer an diesem Morgen sieht?
h) Sie erkennt mit großem Erstaunen, dass der schwarze Mantel weg ist.
5. Wie hat sich die Rumpelkammer bis zum Abend verändert?
c) Am Kleiderständer hing plötzlich eine karierte Jacke mit einer Papierblume im Knopfloch.
6. Wie erklärt Julia Olli gegenüber das plötzliche Erscheinen der karierten Jacke?
a) Sie sagt, sie hätte die Jacke in den Kalender gemalt.
7. Warum erzählt Julia niemandem etwas von der Veränderung des Kalenders?
e) Sie hatte sich schon immer gewünscht, mal ein richtiges Geheimnis zu haben.
8. Ist Olli dabei, als Julia das zweite Fenster öffnet?
d) Nein, die Mutter hat Olli zum Glück in sein Zimmer geschickt.

2. a) [Suchsel/Buchstabengitter]

b) Verben (V) = angucken, starrte, versprach, kam

Adjektive (A) = kariert, enttäuscht, wütend

Nomen/Substantive = das Fenster, der Morgen, das Bett, der Kalender, die Küche, die Nervensäge, der Mantel, die Schokolade

Rest (R) = Zweite

3. Individuelle Lösungen.

4. „Was willst du?"
„Darf ich rein?"
„Nein."
„Wieso nicht?"
„Ich lese."
„Ich möchte deinen Kalender nochmal angucken."
„Morgen."
„Ich will aber jetzt!"
„Nein."
„Du bist gemein!"
„Und du bist eine Nervensäge."
„Ich sage Mama, dass du abgeschlossen hast."
„Mach's doch."
„Wenn du mich reinlässt, kannst du morgen die Schokolade aus meinem Kalender haben."
„Nein danke."
„Ich will doch nur mal gucken!"
„Nein."
„Olli, was machst du denn da oben?"
„Ab ins Bett mit dir, aber schnell!"

5. Individuelle Lösungen.

Kapitel 4:

1. a) Bücher; b) Vollmond; c) Dosen; d) Gipsbüsten; e) Regal; f) Zange; g) Teppich; h) Klebstoff
Die weiteren fünf Dinge: Globus, Schrauben, Flugmaschinen, Nägel, Schraubenzieher

2. Individuelle Lösungen.

XVII. Die Lösungen

    3.   **1.** 1 + 59 = 60   **2.** 2 + 10 = 12   **3.** 3 + 39 = 42   **4.** 4 + 14 = 18
           5. 5 + 1 = 6   **6.** 6 + 24 = 30   **7.** 7 + 11 = 18   **8.** 8 + 16 = 24
           9. 9 + 9 = 18   **10.** 10 + 32 = 42 **11.** 11 + 25 = 36 **12.** 12 + 42 = 54

    5.   a) Julias Pullover ist grün.
          b) Ich sehe drei Blumentöpfe.
          c) Im Korb, der von der Decke hängt, sitzt eine Eule.
          d) Sie steht auf einem Holzstuhl.
          e) Ich sehe noch drei Mäuse.
          f) Am Kleiderbügel hängt die rot schwarz karierte Jacke.
          g) Die Säge liegt unter einem Brett, das an der Wand steht.
          h) Seine Schuhe sind schwarz.
          i) Er trägt eine Perücke auf dem Kopf.
          j) Sie frisst einen Apfel.
          k) Julia fühlt sich wahrscheinlich …

Kapitel 5:   1.   <u>Richtige Aussagen</u>: a) P; b) E; c) R; d) Ü; e) C; f) K; g) E   Lösungswort: Perücke

                2.   a) Knirps; b) fasziniert; c) lügen; d) Gast; e) verkneifen; f) bunt; g) leuchtend; h) verdutzt;
                      i) Lenkrad; j) zwinkern; k) ärgern; l) verlassen; m) seufzen; n) merkwürdig; o) Flur; p) verächtlich;
                      q) scheußlich; r) unverschämt; s) kostbar; t) gehorsam

                3.   <u>Jakobus</u>: freundlich, erfreut, eine Perücke auf dem Kopf, Erfinder, glücklich, schwarzer Mantel, karierte Jacke
                      <u>Türsteher</u>: viele Hüte auf dem Kopf, klein und dick, griesgrämig, streng, vorwurfsvoll, abstehende Ohren, humorlos

                5.   <u>Waagerecht</u>: 3. Fotorahmen; 4. grün; 6. neun; 7. gelb; 9. Mantel; 10. Tisch; 11. acht; 12. vier
                      <u>Senkrecht</u>: 1. Werkzeug; 2. zwei; 3. fünf; 5. Roboter; 8. weiß (WEISS); 9. Mathematik; 10. Teppich;
                      13. rot

Kapitel 6:   2.   a) versprechen; b) stehen; c) führen; d) kommen; e) begrüßen; f) vergessen; g) sein; h) haben;
                      i) finden; j) spielen; k) starren; l) tragen; m) sprechen; n) erzählen; o) fragen; p) wollen;
                      q) überlegen; r) machen; s) gelingen; t) geben

                3.   Individuelle Lösungen.

                4.   <u>In dieser Reihenfolge</u>: führte, standen, begrüßte, war, trug, hatte, sprach, fragte, versprach, überlegte, wollte, machte, vergaß, fand, gab, ging, kam, spielte, gelang, erzählte

                5.   a)

Kapitel 7:   1.   b) Ein Schurke im silbernen Anzug war gerade dabei, einen schönen Prinzen aus einer fliegenden Badewanne zu schmeißen, als jemand an Julias Arm rüttelte. Es war heller Morgen, und Olli stand im Schlafanzug neben ihrem Bett.
                      „Morgen!", sagte er. „Mama hat gesagt, ich soll dich wecken."
                      „Quatsch!", brummte Julia und rieb sich die Augen. „Heute ist Sonntag. Also hau ab und lass mich weiterschlafen."
                      „Aber Oma kommt heute", sagte ihr Bruder.
                      „Ach so." Julia kroch gähnend unter ihrer Decke hervor.
                      „Warum hast du das nicht gleich gesagt?" Sie mochte ihre Oma sehr gerne, und sie fand es äußerst schade, dass sie nur noch eine hatte. Verschlafen taumelte sie zu ihrem Schrank und zog etwas zum Anziehen heraus.

XVII. Die Lösungen

2. Lösungswort: Adventskalender

3. Waagerecht: **4.** aufmachen; **7.** herrlich; **8.** Bösewicht; **13.** ziehen; **15.** torkeln; **16.** schreien; **17.** Blödsinn; **19.** kriegen; **20.** organisieren
Senkrecht: **1.** erstaunt; **2.** Palast; **3.** werfen; **5.** zu lassen; **6.** Vorhänge; **9.** Wut; **10.** planen; **11.** eilig; **12.** sehr; **14.** brummen; **16.** ständig; **18.** später

4. a) Besuch; b) Elfen; c) Lügner; d) Nikolausabend; e) Erleichtert; f) Abend; g) Prinz; h) Vergesslichkeit; i) Gardine; j) leer; k) Geheimnis; l) Küche

5. Individuelle Lösungen.

Kapitel 8:

2. 1. Julia: Juli; 2. Jakobus: Kajak; 3. Bert: er; 4. Rosalinde: Dose; 5. Melissa: Eis; 6. Melissa: Mais; 7. Jakobus: Bus; 8. Rosalinde: Land

3.

ADVENT

V	A	T	D	N	E
N	E	D	A	T	V
A	D	E	T	V	N
T	N	V	E	A	D
D	V	A	N	E	T
E	T	N	V	D	A

LÜGNER

N	G	Ü	E	L	R
R	L	E	G	Ü	N
E	Ü	N	L	R	G
L	R	G	Ü	N	E
G	N	L	R	E	Ü
Ü	E	R	N	G	L

BARNEY

R	B	N	E	A	Y
A	E	Y	R	N	B
Y	A	R	B	E	N
B	N	E	A	Y	R
N	R	A	Y	B	E
E	Y	B	N	R	A

KOENIG

I	G	E	N	O	K
N	K	O	E	I	G
K	I	N	O	G	E
E	O	G	K	N	I
O	E	I	G	K	N
G	N	K	I	E	O

4. a) Ein Zauberer wohnte hinter diesen Fenstern.
b) Er verschwand, vermutlich hat er sie weggezaubert.
c) Dort wohnten ein paar Verwandlungskünstler.

5. Jakobus: trägt eine lange, rote Jacke / goldene Schuhe / hat eine Perücke mit dunkelroten Locken / hat extra Schnee gefegt
Julia: verspricht, die Türe unverschlossen zu lassen / hat Angst auf der Treppe / pustet die Kerzen aus / strahlt vor Freude wie ein Honigkuchenpferd / sehr stolz und glücklich
Melissa: ist die junge Elfe / ist viel dicker als ihre ältere Verwandte / stellt die anderen einander vor / klein, dick und hat Flügel
Rosalinde: ist dünn wie ein Streichholz / macht sich Sorgen um Geräusche aus dem unteren Stockwerk / wohnt mit Melissa zusammen
Harry: fragt Julia, ob sie beim Streichen der Wohnung helfen möchte / jung und hässlich / breites Lächeln und sehr sympathisch / abstehende Ohren / will König werden
Riesig: unglaublich groß / Teetasse in der großen Hand / ziemlich alt / stumm
Bert: bunte Zipfelmütze / schenkt Julia eine kleine, rote Mütze / Bart / Heinzelmännchen / ständig müde
Mama: sorgt sich um Julias Gesundheit / bittet Julia, ihr Zimmer nicht abzuschließen / wird am nächsten Tag wohl recht sauer sein

6. a) 1. Julia will sich am Nikolausabend unauffällig in den Kalender schleichen.
2. Ihre Familie darf nichts merken.
3. Sie ist schon sehr aufgeregt.
4. Daher bringt sie beim Nachtessen keinen Bissen herunter.
5. Danach zieht sie sich in ihr Zimmer zurück.
6. Der Mutter sagt Julia, sie werde gleich schlafen.
7. Jakobus erwartet Julia schon ungeduldig.
8. Er hat sich extra schön gemacht.
9. Die Elfen haben alles für das Fest organisiert.
10. Es gibt Torten und Kuchen im Überfluss.
11. Auch die Heinzelmännchen und der Riese Riesig erwarten Julia.
12. Sogar Prinz Harry ist mit von der Partie.
13. Alle sind sehr glücklich, dass sie endlich wieder einmal Besuch von einem Kind haben.
14. Und Julia ist überglücklich, dass alle sich so über ihren Besuch freuen.

7. a) Sie müssen über eine klapprige und Furcht einflößende Wendeltreppe aus Eisen nach unten in die Wohnung der Elfen.
b) Sie ernennen Julia zur Ehrenheinzelfrau, weil sie durch ihren Besuch aus einem traurigen, alten Haus wieder ein fröhliches gemacht hat.

XVII. Die Lösungen

Kapitel 9:

1.

Grossbuchstaben

☪	✌	✋	💧	❄	👌	💣	🏳	😐	☠	👎	⚐	☺	☝
Z	A	I	S	T	B	M	O	K	N	D	P	J	G

Kleinbuchstaben

⬩	♏	♐	⧫	♒	◆	&	□	⬀	➚	♋	⬥	♎	❒	♑	⌘	✓	♓	●	◘	♍	❖	♌	■	❍
s	e	f	t	h	u	k	o	ö	ä	a	w	d	r	g	z	ü	i	l	p	c	v	b	n	m

Julia sitzt an ihrem Tisch und malt, als Olli zu ihr ins Zimmer kommt. Olli will schon wieder alles ganz genau wissen und starrt lange in den Kalender. Schließlich versucht Julia ihn abzulenken, indem sie eine Krokantkugel anbietet. Zuerst scheint ihr Trick zu klappen. Doch dann steigt Olli schon wieder aufs Bett und starrt in den Kalender. Julia schickt ihn raus, doch er will einfach nicht gehen. Sie zerrt ihn vom Bett, doch Olli wehrt sich. Im Nu liegen die beiden sich gegenseitig kneifend und kratzend am Boden. Plötzlich steht die Mutter im Zimmer. Sie schimpft, weil die Geschwister schon wieder streiten. Sie schickt Olli in sein Zimmer. Als sie mit Julia alleine ist, versucht die Mutter herauszufinden, was bloß los ist mit Julia. Doch Julia behält ihr Geheimnis für sich.

2. <u>In dieser Reihenfolge</u>: an, als, ins, in, indem, aufs, raus, vom, gegenseitig, am, im, in, los, für

4. <u>Zusammengehörende Paare</u>: a) - 4.; b) - 6.; c) - 2.; d) - 7.; e) - 3.; f) - 5.; g) - 1.

Die dicke Fee Melissa sitzt auf dem Bett und erwartet Julia. Julia stellt einen Stuhl vor die Türe, damit ihre Familie nicht ins Zimmer kommen kann. Melissa hätte sich gefreut, Julias Familie kennen zu lernen. Rosalinde hatte richtig vermutet, dass im Zimmer 7 etwas Unheimliches vor sich ging. Jakobus lässt Julia bitten, die nächsten 3 Fenster gar nicht zu öffnen. Rosalinde erwartet ihre Schwester Melissa zum Nachtessen. Am 10. Dezember ist Julia bei den Heinzelmännern eingeladen.

5. **a)** Regal; **b)** Krokantkugel; **c)** Süßigkeiten; **d)** Schlüssel; **e)** Kalender; **f)** wunderbar; **g)** Nasenspitze; **h)** Witze; **i)** Farbe; **j)** Träume **Lösungswort:** Geschwister

Kapitel 10:

1. **a)**

G	A	T	R	D	T	X	S	N	E	F	F	O	M	E
R	I	E	O	A	F	I	T	E	C	A	N	H	M	R
V	E	N	P	N	C	E	Z	S	Z	X	C	R	U	S
L	L	F	E	H	T	S	S	B	S	I	C	E	D	C
U	E	D	T	W	L	M	U	T	L	V	D	T	T	H
R	F	B	E	N	E	K	N	S	H	Y	Z	N	N	E
P	A	K	Y	T	F	T	S	E	L	A	K	I	W	I
R	Q	K	Q	N	I	U	R	O	G	I	L	H	P	N
S	C	H	L	I	E	S	S	E	N	A	E	T	R	E
H	J	H	G	H	W	N	E	L	L	Ü	R	B	E	N
A	L	E	C	V	Z	N	I	C	H	T	S	F	E	N
S	G	S	X	S	R	R	J	U	M	D	B	D	U	N
T	K	X	L	R	E	X	E	J	Y	I	N	S	V	R
I	E	J	P	O	V	C	T	C	J	A	X	E	R	H
G	P	Y	T	X	F	T	S	J	L	I	H	O	L	F

b) <u>Waagrecht</u>:

6. öffnen
7. voll
9. geschlossen
12. viel
13. ängstlich
14. hassen
16. langsam
18. verschwinden

<u>Senkrecht</u>:

1. loslassen
2. flüstern
3. köstlich
4. alles
5. glücklich
7. vor
8. unsichtbar
10. starten
11. intelligent
15. Angst
17. antworten

4.
a) Im Namen von Fürst Leopold.
b) Er fordert, dass sie auf keinen Fall mehr im Kalenderreich erscheinen soll.
c) Er soll Leo sagen, dass Julia keine Angst hat und dass sie ihre Freunde besucht, wann sie will.

Kapitel 11:

1.
a) Fangen, Knüppelausdemsack, Blindekuh, Kegeln
b) Barney, Bill, Bert, Bob
c) Sonntagsfrühstück, Sonntagsspaziergang, Sonntagsmittagessen, Sonntagsfernsehen
d) Individuelle Lösungen.
e) Individuelle Lösungen.

2.
a) Sie traut sich zuerst kaum, aber schließlich siegt ihre Neugier.
b) Einer holt eine große runde Küchenuhr und legt einen Finger auf die 8.

3.
a) <u>Von oben nach unten</u>: Heinzelmänner, Neugier, Harry, vergnügten, Versöhnung, Lügner, Unsichtbare, Gefangenen, langweilte, Mütze, Treppe, stinkfaul, Kino, schnarchte
Lösungswort: Entführung

Literaturseiten zur Lektüre „Hinter verzauberten Fenstern“ – Bestell-Nr. 14 186
KOHL VERLAG

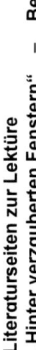

XVII. Die Lösungen

3. b)
1. Julia hatte ein wenig Angst, das 10. Fenster zu öffnen, aber schließlich siegte ihre Neugier.
2. Als sie gegen Abend auf dem Bett lag und sich langweilte, kam ihre Mutter mit Olli ins Zimmer.
3. Die Mutter wünschte sich eine Versöhnung zwischen ihren beiden Kindern.
4. Im Kalender sah Julia die Heinzelmänner, die stinkfaul in ihren Betten lagen und schliefen.
5. Später gingen die Eltern ins Kino und Olli musste ins Bett gehen.
6. Julia war froh, als sie vor Ollis Türe hörte, wie er im Schlaf schnarchte.
7. Julia setzte sich ihre rote Mütze auf und verschwand im Kalender.
8. Die Heinzelmänner und Julia vergnügten sich beim Spielen.
9. Plötzlich hörten sie Schritte auf der Treppe.
10. Sie sahen schwarze Gestalten, die einen Gefangenen in ein Auto schoben.
11. Bob war überzeugt, dass Harry der Gefangene war.
12. Alle dachten, dass Leo, der Lügner hinter der Sache steckte.
13. Plötzlich erkannten die fünf, dass der Unsichtbare im Raum sein musste.

5.
Bert, grün, 23, 3
Bill, schwarz, 21, 4
Barney, rot, 24, 2
Bob, gelb, 22, 1

6.
a) Wagen - Gestalten - Wendeltreppe - Wohnung - umgeworfen - Lachen - Geschirr - einsperren - König Unsichtbare - Schokohäuser - Feigling
b) Individuelle Lösungen.

Kapitel 12: **1.**

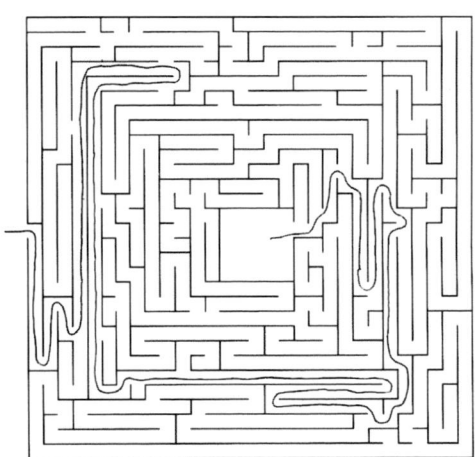

2. Julia begibt sich zu den Elfen zu einer geheimen Sitzung, an der alle Bewohner des Kalenders teilnehmen. Sie wollen am nächsten Tag alle zur Schokoladenburg gehen, um Prinz Harry zu befreien. Riesig kennt die Burg, sodass er den anderen den Weg zeigen kann. Sie beschließen, alle früh zu Bett zu gehen, damit sie am nächsten Tag ausgeruht sind. Also geht auch Julia brav zurück in ihr Zimmer. Dort entdeckt sie zu ihrem Schrecken Olli, der im Morgenmantel auf ihrem Teppich sitzt und grinst. Er erklärt Julia, dass er sie im Kalender gesehen habe. Julia ist empört, dass Olli ihr Geheimnis geknackt hat und schimpft ihn einen Spion. Er muss Julia versprechen, dass er den Eltern auf keinen Fall etwas von dem Geheimnis erzählt. Olli verspricht dies allerdings nur unter der Bedingung, dass Julia ihn am nächsten Tag mit zur Schokoladenburg nimmt. Julia würde alles drum geben, wenn sie Olli nicht mitnehmen müsste, aber sie weiß, dass sie keine andere Chance hat, wenn sie nicht will, dass er das Geheimnis den Eltern verrät. Wütend gibt sie nach und verspricht Olli, ihn mitzunehmen. Auf keinen Fall will sie sich allerdings um ihn kümmern.

<u>Lösungssatz</u>: Julia hatte mit dem Kalender so viel Schönes und Aufregendes erleben dürfen.

3. <u>Waagerecht</u>: **3.** grinsen; **6.** erzählen; **7.** knacken; **8.** beschließen; **10.** zurückgehen; **11.** wollen; **13.** haben; **15.** erklären; **19.** begeben; **22.** entdecken; **23.** müssen; **25.** sehen; **26.** befreien

<u>Senkrecht</u>: **1.** wissen; **2.** sein; **4.** versprechen; **5.** teilnehmen; **7.** können; **9.** verraten; **12.** werden; **14.** zeigen; **16.** kümmern; **17.** kennen; **18.** mitnehmen; **20.** gehen; **21.** geben; **24.** sitzen; **25.** schimpfen

XVII. Die Lösungen

Kapitel 13:
1. a) 1. Jakobus; 2. Olli; 3. Julia; 4. Melissa; 5. Bert, Bill, Bob, Barney; 6. Rosalinde; 7. Riesig; 8. Mama
   b) Individuelle Lösungen.

2. <u>Richtige Aussagen</u>: 2., 3., 6., 7., 8., 10., 11., 12., 14., 16., 17., 19.   Lösungswort: Blumenpracht

Kapitel 14:
1. Individuelle Lösungen.

2. a) Sie sind zu faul zum Laufen und sagen, dass die Burg doch noch so weit weg ist.
   b) Er holt aus seinem Korb ein paar kleine Dosen, eine große Tüte, einen Farbbeutel, ein paar Pinsel und ein langes Seil.

3. Individuelle Lösungen.

4. <u>Jakobus</u>: organisiert alles / hat alles Material in seinem Korb verstaut
   <u>Julia</u>: sitzt auf Riesigs Schulter / befreit Harry aus seinem Gefängnis / bewirft den Unsichtbaren mit blauer Farbe / bewirft Leo mit Schneebällen
   <u>Olli</u>: unterstützt die Heinzelmänner bei ihrer Arbeit
   <u>Heinzelmänner</u>: bepinseln die Tore mit Zuckerguss
   <u>Riesig</u>: befreit Harry aus seinem Gefängnis / musste sich zwischen den Felsen verstecken / fängt Harry unten im Schnee auf
   <u>Harry</u>: springt aus dem Fenster des Gefängnisses
   <u>Rosalinde</u>: fliegt mit Leopold im Schlepptau zum Königspalast / streut Niespulver gegen die Wachen und gegen Leo
   <u>Melissa</u>: fliegt mit Leopold im Schlepptau zum Königspalast / reißt mit dem Seil die Gitterstäbe des Fensters entzwei

Kapitel 15:
1. a) Harry; b) Rosalinde; c) Harry; d) König; e) Olli; f) Harry; g) König; h) König; i) Harry; j) Olli; k) König; l) König; m) Rosalinde; n) Heinzelmänner; o) Melissa; p) Julia; q) Leo; r) Jakobus; s) Harry; t) Heinzelmänner; u) Rosalinde; v) Jakobus; w) Harry

2. Riesig **legte** Leo, dem **Lügner**, seine große Hand auf **den** Kopf. Der warf seinen Entführern einen **giftigen** Blick zu und ging dann auf wackligen Beinen **neben** dem Riesen her. Die Gänge und Treppen und Säle des Palastes waren **menschenleer**, und vor der großen Tür zum **Thronsaal** stand kein **dicker**, kleiner Türsteher, um ihnen zu öffnen. Harry **stieß** die **Tür** auf. **Der** große Saal lag still und leer da. Nur ganz hinten auf **dem Thronsessel** saß eine zusammengesunkene Gestalt und **schluchzte** leise vor sich **hin**. Hinter ihm her kamen **Jakobus** und Julia, Rosalinde und Melissa – **ausnahmsweise** zu Fuß –, Bill, Bob, Barney, Bert und Olli und ganz am **Ende** Riesig mit **seinem verschnupften** Gefangenen.

4. a) Der König ist allein und hat verweinte Augen.
   b) Der König vergisst immer alles.

Kapitel 16:
4.
7	Von Harry dem Hässlichen und Leo, dem Lügner
4	Jakobus Jammernich
2	Das erste Fenster
16	Die Rückkehr
10	Der unheimliche Besucher
5	Ein abenteuerlicher Ausflug
1	Der falsche Kalender
3	Der verschwundene Mantel
6	Der alte König
8	Das Fest der Elfen
11	Die Entführung
9	Nichts als Ärger
12	Das verlorene Geheimnis
14	Die Schokoladenburg
13	Der Aufbruch
15	König Harry der Hässliche

Autorenteam Kohl-Verlag

Lesetexte Advent & Weihnachten
Übungen in 3 Niveaustufen

Motivierende und jahreszeitbezogene Texte, Geschichten, Dialoge usw. rund um den Herbst fördern die Lesekompetenz der Schüler. Die inhaltlich gleichen Vorlagen sind in den 3 Niveaustufen verfasst und ermöglichen allen Lernenden das ihrem Leistungsvermögen entsprechende Textverstehen. Übungsaufgaben und Lernzielkontrollen schließen sich an die jeweiligen Lesetexte in verschiedenen Niveaustufen an.

| 48 S. | Winterzeit | 11 734 | ab 13,49 € |
| 64 S. | Advent & Weihnachten | 11 823 | ab 14,49 € |

Hans-Peter Tiemann

Adventsgeschichten für Kids

Romantische Adventsgeschichten mit stimmungsvoller Atmosphäre. Kleine Pudelmützenkinder werden zu wahren Weihnachtsprofis und stimmungsvolle Winterbilder zeichnen sich in der verschneiten Winterlandschaft ab. Jede Geschichte, jedes Gedicht und jeder lyrische Text enthält zahlreiche analytische und textproduktive Aufgaben in unterschiedlichen Schwierigkeitsstufen.

| 56 Seiten | 11 711 | ab 12,49 € |

Gabriela Rosenwald

Erforsche ... Advent & Weihnachten

Inhalt: Was bedeutet Advent?; Der erste Adventskalender; Nikolaus von Myra; Auf dem Weihnachtsmarkt; Wie ein Bäumchen zum Weihnachtsbaum wird; Weihnachtswörter rätseln; Weihnachtsgedicht; Jingle bells; Weihnachtsgeschichte. Palästina; Weihnachten in anderen Ländern; Advent & Weihnachten kritisch betrachtet u.v.m.

| 48 Seiten | 11 804 | ab 11,99 € |

Gabriela Rosenwald & Claudia Eisenberg

Lernwerkstatt Advent & Weihnachten

Inhalt: Weihnachtsmonat, Erster Advent (Erfinder des Adventskranzes, Bratäpfel ...), Zweiter Advent (Elfchen zum Advent, Zimtsterne und Haferplätzchen ...), Dritter Advent (Vom Sinn des Schenkens, Kleine Geschenke basteln), Vierter Advent (Fichte oder Tanne?, Winteranfang ...), Der Heilige Abend (Weihnachten in anderen Ländern ...), Raunächte u.v.m.

| 60 Seiten | 11 283 | ab 14,49 € |

Tim Schrödel & Moritz Quast

Logikrätsel   Advent & Weihnachten

Pfiffige Logicals zum Training des logischen Denkens. Mit diesen 24 Logikrätseln werden die Gehirnzellen ordentlich angestrengt! Logikrätsel sind ein ideales Training für den Kopf, erhöhen die Konzentration und machen einfach nur Spaß!

| 32 Seiten | 11 449 | ab 11,99 € |

Anneli Klipphahn

Ostern, Pfingsten & Weihnachten
Die großen christlichen Feste

Wunderschönes farbiges Legematerial, bestehend aus einem 12-strahligen Legekreis. Die Kirchenfeste werden anschaulich dargestellt und können so ganz neu erfasst werden. Dieser wunderschöne Legekreis ist ein ECHTER Blickfang für Ihr Klassenzimmer!

| FARBIG | 32 Seiten | 15 054 | ab 14,99 € |

Adventskalender zum Vorlesen & Basteln
Innovativ, kreativ & kurzweilig

Die Bände sind wie Adventskalender gestaltet: Im ersten Teil wird zu jedem Tag vom 1. bis zum 24. Dezember eine Begebenheit der Geschichte erzählt. Im zweiten Teil findet sich zu jedem Tag ein Rätsel, ein Bastelvorschlag, Ausmalbilder oder Informationen zu dem besonderen Tag.

Rätselspaß mit Lerneffekt!

Der Weihnachtsschneemann: Die Geschichte handelt von einem Schneemann, der allerlei erlebt und die Kinder dabei mit seinen Kurzepisoden Tag für Tag aufs Neue unterhält!

Weihnachten im Zwergenland: Man sollte denken, im Zwergenland geht es vor Weihnachten friedlich und besinnlich zu. Doch weit gefehlt! Auch hier gibt es manche Überraschung, mit denen nicht auf dem Plan stand: Der Postzwerg hat sich im Schnee verirrt, Paulchen versaut die Weihnachtsplätzchen und Zwergenopa Fritz – ach, lest es selber! Zu allen Tagen im Advent gibt es einen Teil der Geschichte und ein Bastel-, Rätsel-, Rezept- oder Malblatt. So wird die Adventszeit nicht langweilig!

| | 52 S. | 1 | Der Weihnachtsschneemann | 12 389 | ab 18,99 € |
| FARBIG | 52 S. | 2 | Weihnachten im Zwergenland | 12 479 | ab 18,99 € |

Ulrike Stolz & Lynn-Sven Kohl

Wir werden Leseprofi!
Lesetraining in der Weihnachtszeit

Warum nicht das Schöne mit dem Nützlichen verbinden? Gerade in der Advents- und Weihnachtszeit bietet es sich an, schöne Weihnachtstexte mit der Kernkompetenz Lesen zu erarbeiten. 20 Lesetexte zur Advents- und Weihnachtszeit zur Steigerung der Lesekompetenz. So wird das flüssiges Lesen sowie das sinnerfassende Lesen mit zahlreichen Übungen und ansprechenden Texten mit unterschiedlichen Schwierigkeitsstufen trainiert. Mit Zusatzaufgaben zur Stärkung der Sekundärkompetenzen.

| 48 Seiten | 11 441 | ab 11,99 € |

Ulrike Stolz & Lynn-Sven Kohl

Kreative Lesespiele
... in der Advents- & Weihnachtszeit

Lesespiele sind bei Schülern immer beliebt, sie bringen daher einen hohen Lernzuwachs mit sich. Mit den abwechslungsreichen Lesespielen für die Grundschule speziell zur Advents- und Weihnachtszeit sind Freude und Erfolg garantiert!

Spielerisch das Lesen üben und festigen!

| 72 Seiten | 11 440 | ab 14,99 € |

Janine Manns & Ulrike Stolz

15 Bildergeschichten
für die Advents- & Weihnachtszeit

Witzige, ernste, besinnliche und lustige Bildergeschichten. Mit zusätzlichen methodisch-didaktischen Hinweisen, Ideen, mögliche Inhaltsangaben, Bildimpulse u.v.m.

| 36 Seiten | 11 439 | ab 11,99 € |

Waldemar Mandzel & Ulrike Stolz

Die Weihnachtsgeschichte
... mit Bildergeschichten erzählt

Kopiervorlagen mit umfangreichen Ideen zum Lesen, Basteln, Malen. Die Bilder können als Ausmalvorlage verwendet werden.

| 64 Seiten | 11 452 | ab 14,99 € |

Michael Skeries

Nikolaus & Weihnachten
Die beiden Weihnachtsgeschichten unter der Lupe

Eine Fundgrube für die Adventszeit! „Schenken" im ursprünglich christlichen Sinn wird hier über die Unterrichtseinheit „Sankt Nikolaus" vermittelt. Auch Fragen „Wie die beiden Weihnachtsgeschichten der Bibel entstanden sind und wodurch sie sich unterscheiden?" werden hier beantwortet. Ein Würfelspiel und ein Krippen-Bastelbogen runden das Heft ab.

| 44 Seiten | 12 233 | ab 12,49 € |

Stefanie Kraus

Stationenlernen Religion
Advent und Weihnachten

Das Hauptfest des Kirchenjahres wird mit seinen Entwicklungen und Ereignissen in zahlreichen Stationen erfahren und erlebt. Die klar strukturierte Gestaltung der Stationen ermöglicht die selbstständige inhaltliche Erarbeitung.

| 32 Seiten | 11 719 | ab 10,99 € |

Anneli Klipphahn

Drei Krippenspiele   für Schulen & Kirchengemeinden

Hier erhalten Sie drei Krippenspiele, die sich an den Texten der Bibel orientieren. Sie wurden für eine Grundschule konzipiert, in der sich alle Schüler in irgendeiner Weise am Schulgottesdienst beteiligen. Dadurch sind die Texte ziemlich umfangreich, bieten aber auch viel Stoff und viele Variationsmöglichkeiten. Darüber hinaus finden sich Kostüm- und Gestaltungsvorschläge, die zumeist einfach umzusetzen sind.

| 72 Seiten | 12 456 | ab 15,99 € |

FÖ Förderbedarf | INK Inklusion | BF Begabtenförderung | Lernen an Stationen | Arbeitsmaterial zur Differenzierung | Zusatzmaterial | Fächerübergreifend | PDFplus

www.kohlverlag.de